TRANSFORMATION
of PERSONNEL EVALUATION

인사평가 트랜스포메이션

성과책임 기반
성과관리

김복수 지음

우리가 그토록 원했던
공정한 인사평가에 대한 해답

성과책임 기반 성과관리

인사평가 트랜스포메이션

초판발행 2024년 1월 22일
초판2쇄발행 2025년 6월 16일

지은이 김복수
펴낸이 김남진
펴낸곳 (주) 중앙경제

디자인 이지훈, 최가영
마케팅 신석재, 김성울, 이소영, 윤지희, 김선혜
경영지원 이상훈, 박세라, 조용환

출판등록 80.6.21 제2-66호
주소 서울시 중구 다산로11길 19(신당동 355-8) 백석빌딩 신관 4층
전화 02)2231-7293
팩스 02)2235-5344
홈페이지 www.elabor.co.kr

ISBN 978-89-7017-550-8 (93320)
정가 20,000원

성과책임 기반 성과관리

인사평가 트랜스포메이션

김 복 수

중앙경제

Micha 6 : 8

He has shown you, O mortal, what is good.
And what does the LORD require of you?
To act justly and to love mercy and to walk humbly with your God.

서문

나는 왜 이 책을 쓰게 되었나?

최근 기업의 가장 큰 고민은 무엇일까? 여러 가지 이슈가 있겠지만 그 중 빠지지 않는 이슈는 바로 '공정성'이다. 특히 MZ세대는 공정성에 민감하다. 그들은 아무리 좋은 회사라 하더라고 공정하지 않은 조직이라면 과감히 떠난다. 이러한 변화 속에서 기업은 인사관리의 공정성에 대해 깊은 고민을 하게 되었다. 인사관리의 공정성은 어떻게 결정되는가? 물론 매우 다양한 요소에 의해서 인사관리 공정성이 결정된다. 그러나 한 가지 확실한 것은 인사관리 공정성의 중심에는 바로 '인사평가'가 있다는 것이다. 즉, 인사평가의 공정성을 높이지 않고서는 공정한 인사관리는 사실상 불가능하다.

필자는 이러한 환경변화 속에서 수많은 인사평가 프로젝트를 수행하게 되었다. 그러나 인사평가를 개선하는 것은 정말 너무나 어려운 일이었다. 많은 시행착오를 거듭하면서 조금씩 인사평가의 원리를 알게 되었다. 그리고 그 원리를 소개하기 위해 이 책을 쓰게 되었다.

이 책의 제목은 '인사평가 트랜스포메이션'이다. 사실 책 제목을 정하기 쉽지 않았다. 왜 '인사평가 트랜스포메이션'일까? 인사평가를 완전히 바꿔야 하기 때문이다. 조금 변화(change)시키는 것이 아니라 완전히 변신(transformation)해야 한다는 것이다. 트랜스포메이션이란 '형질전환'을 의미한다. 근본부터 바뀌는 것이다. 현재의 경쟁기반의 근무평정은 사람을 서열화시켜 경쟁환경으로 내 모는 제도이다. 이러한 인사평가로는 더 이상 탁월한 성과를 달성할 수 없다.

이제 '성과책임 기반의 성과관리'를 시행해야 한다. 성과책임(accoun-tability)이란 '성과를 창출한 책임'을 말한다. 즉, 직무의 목적을 의미한다. 모든 구성원은 자신이 하는 일의 목적을 이해해야 한다. 그리고 나서 일을 하는 것이 정상적이다. 그러나 우리는 그냥 일을 시작한다. 그리고 피평가자는 '열심히 했다'고 주장한다. 그러나 평가자는 '내 맘에 들지 않는다'고 말한다. 이러한 인사평가는 결코 공정하기 어렵다. 이제 출발점을 '성과책임'으로 바꿔야한다. 성과책임이라는 목적에서 출발한 인사평가만이 지금의 실타래처럼 얽혀 있는 인사평가의 문제를 근본적으로 해결할 수 있다.

성과책임에서 출발한 인사평가의 변화는 MBO의 본질 이해, 1차 평가자에게 평가권 위임, KPI에서 벗어나는 인사평가, 다면평가의 활성화, 변화관리 관점의 인사평가 운영을 통해서 성공적으로 시행될 수 있을 것이다. 인사평가의 변화는 일하는 방식의 근본적인 변화이다. 인사평가의 변화를 '평가제도를 변화시킨다'라기보다 '조직문화를 변화시킨다'는 관점으로 접근하기를 권하고 싶다. 다시 말해 인사평가 트랜스포메이션을 통해서 우리 회사를 새로운 회사로 만들 수 있다는 생각을 가져 보라는 것이다.

이 책은 실제 인사평가 프로젝트, 자문, 코칭, 강의 등을 바탕으로 쓰여졌다. 그래서 인사조직 이론을 기초로 하지만 매우 실무적이고 현실적인 접근을 할 수 있었던 것 같다. 막상 책을 출판하게 되니 많은 분들이 떠오른다. 아마 이분들의 도움이 없었다면 이 책은 세상에 나오지 못했을 것이다. 먼저 인사관리가 무엇인지를 알게 해 주신 중앙대학교 경영학과 정연앙 교수님께 감사드린다. 교수님의 가르침으로 인사관리의 본질을 이해할 수 있었다고 생각한다. 그리고 이 책의 성과책임 등 핵심내용에 대해서는 최동석 박사님과 이용석 대표님의 저서를 통해서 많은 도움을 받았다. 지면을 통해서라도 꼭 감사의 마음을 전하고 싶다.

이 책이 나오기까지 정말 많은 분들의 도움이 있었다. 중앙경제 김희성 회장님, 김남진 대표님, 김태윤 상무님, 이지훈 과장님께 감사드린다. 그리고 15년 동안 함께 일하면서 인사관리를 고민해 준 정호영 노무사님, 늘 탁월한 솔루션을 제공하는 장내석 노무사님, 바쁜 시간속에서도 원고를 꼼꼼해 챙겨준 강민석 노무사님, 경영의 근본적인 변화에 도전하시는 하상균 박사님, 항상 법인의 힘든 업무를 묵묵히 수행해준 이은정 프로님, 마케팅의 변화를 위해 노력중인 이민주 프로님에게 감사의 마음을 전한다.

마지막으로 언제나 나의 베스트 프렌드 아내 보연과 요즘 신나게 대학생활을 즐기고 있는 나의 사랑 딸 민서에게 '고맙다'라는 말을 전하고 싶다. 이 책이 조직의 인사평가 변화와 건강한 조직문화에 조금이나마 도움이 되길 바라며

God bless you!

2024년 1월 15일

저자 김 복 수

차례

제1부 WHY 인사평가 트랜스포메이션

Chapter Ⅰ. 인사평가 패러다임 변화

Chapter Ⅱ. 인사평가의 문제점은 무엇일까?

제2부 HOW 인사평가 트랜스포메이션

Chapter Ⅲ. 첫 번째 솔루션 성과책임(Accountability)에서 출발해라

제3부 DO 인사평가 트랜스포메이션

성과책임
리더십
핵심가치
조직문화

제1부

WHY
인사평가 트랜스포메이션

Chapter

I

인사평가 패러다임 변화

1 우리는 왜 인사평가를 하는가?

기업들의 인사평가에 대한 고민이 점점 깊어지고 있다. MZ세대는 본인의 인사평가 결과에 대해 당당하게 이의를 제기하고 납득이 되지 않으면 조직을 떠나기도 한다. 이제 과거의 인사평가 방식으로 조직을 운영하는 것이 불가능할 것처럼 보인다. 그렇다면 인사평가에 변화를 어디에서부터 시작해야 할까? 문제의 본질을 해결하지 않는 한 문제는 계속된다. 인사평가도 마찬가지다. 문제의 본질을 고민해야 한다. 그래서 이런 질문이 필요하다.

우리는 왜 인사평가를 하는가?

여러분은 인사평가를 하는 이유에 대해서 생각해 본 적이 있는가? 필자는 기업에서 10년, 그리고 HR컨설턴트로서 15년 동안 인사조직 업무를 수행하고 있다. 기업에서 근무 중 인사평가 업무를 맡아서 수행했지만 '인사평가를 왜 하지?'에 대해서는 고민한 적이 없었다. 그냥 '내 업무이니까 하지. 팀장님이 시키니까 하지'라고 생각한 것 같다. 우리는 인사평가를 왜 하는지에 대한 고민 없이 인사평가를 하고 있는 것이다. 바로 "인사평가를 왜 하는가?"는 인사평가의 본질을 묻는 질문이다.

인사관리의 대가인 도널드 L. 커크패트릭(Donald L. Kirkpatrik)은 본인의 저서 '인사평가와 코칭 기술'이라는 책에서 이렇게 묻는다. "우리가 인사평가를 하는 이유는 무엇인가?" 책을 읽으면서 나는 이 질문에 대한 대답이 너무 궁금했다. 우리가 인사평가를 하는 이유가 뭐지? 커크패트릭은 이렇게 대답한다. "인사평가를 하는 이유는 크게 두 가지로 구분된다. 첫 번째는 '성과향상'이고 두 번째는 '차등보상'이다. 그리고 중요한 점은 성과향상이 주목적이고 차등보상이 보조적 목적이다" 정말 머리를 해머로 맞은 듯한 느낌이었다. 인사평가를 하는 이유가 성과향상이라니… 나는 한 번도 인사평가의 목적을 성과향상이라고 생각한 적이 없었다. 인사평가는 연봉결정, 승진포인트 결정, 저성과자 선정 등을 위해서 한다고 생각했다. 그런데 인사관리의 대가는 인사평가의 목적이 "성과향상"이라고 말하고 있는 것이다.

그림 1 WHY 인사평가를 하는가?

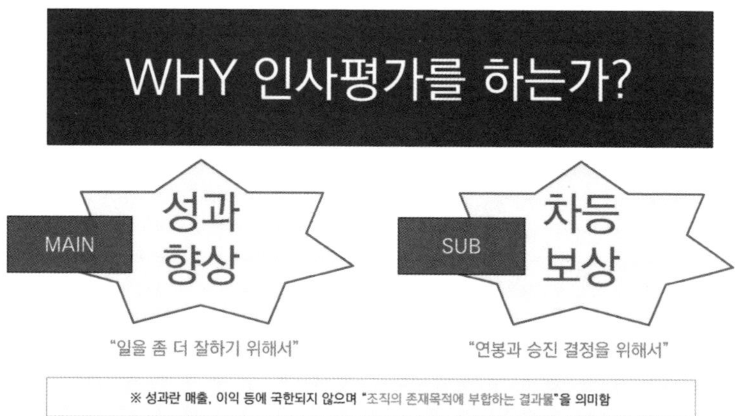

※ 인사평가와 코칭 기술, 도널드 L. 커크패트릭 저 인용

그리고 또 한명의 경영의 대가인 인텔의 공동창업자 겸 CEO였던 앤디 그로브(Andrew S. Grove)는 본인의 저서 'High output management'

라는 책에서 이렇게 이야기한다. "우리가 성과평가를 하는 이유는 단 한 가지이다. 그것은 성과를 향상시키기 위해서이다" 앤디 그로브는 성과평가의 이유가 두 가지도 아닌 단 한 가지라고 이야기하는 것이다. 세계적인 인사관리의 대가와 경영의 대가가 이렇게 동일한 이야기를 하고 있다. "인사평가의 목적은 성과를 향상시키는 것이다."

그림 2 앤디 그로브의 저서 「High output management」

우리가 성과평가를 하는 이유는 단 한가지이다

"그것은 성과를 향상시키기 위해서이다"

여러분은 커크패트릭과 앤디 그로브의 이야기에 동의하는가? 아니면 동의하지 않는가? 다양한 의견이 있을 수 있다. 인사평가의 목적이 성과향상이라면 인사평가를 많이 하면 성과가 올라간다는 말인가? 그렇다면 1년에 12번 인사평가를 하면 되지 않을까? 다양한 생각이 꼬리에 꼬리를 물고 이어진다. 그렇다면 왜 커크패트릭과 앤디 그로브는 인사평가의 목적이 성과향상이라고 이야기하는 것일까? 분명히 명확한 논리적 근거가 있을 것이다. 과연 그것은 무엇일까?

2 인사평가의 두 가지 모습 : 성과관리 vs. 근무평정

여러분은 인사평가라고 하면 어떤 이미지가 떠오르는가? 아마도 대부분 S, A, B, C, D 같은 평가등급이 먼저 생각날 것이다. 우리는 인사평가를 평가등급을 부여하는 행위로 생각한다. 그러나 평가등급을 결정하는 것은 근무평정 관점의 인사평가에 불과하다. 그러나 인사평가를 Plan-Do-See 관점으로 보면 어떻게 될까? 먼저 무슨 일을 할지를 논의하고(Plan) 업무를 수행하고(Do) 최종결과에 대해서 의견을 개진하는 활동이라는(See) 것이다. 이러한 접근은 성과관리 관점의 인사평가라고 볼 수 있다.

그림 3 인사평가(성과관리 vs. 근무평정)

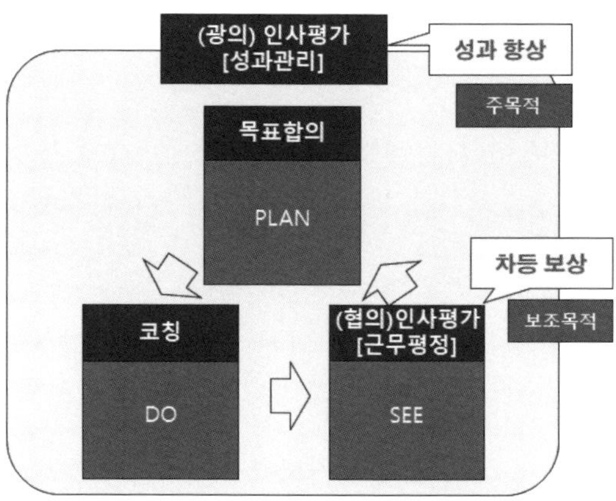

그럼 이제부터 근무평정과 성과관리에 대해서 그림을 통해서 자세하게 살펴보자.

먼저 작은 도형 3개가 있다. Plan-Do-See로 연결되어 있다. 즉, 목표를 합의하고 코칭이 이루어지고 인사평가가 시행되는 것이다. 이 과정에서 인사평가는 근무평정 관점으로 이루어지게 된다. 이러한 근무평정 관점의 인사평가는 협의의 인사평가에 해당한다고 볼 수 있다. 근무평정 결과는 연봉결정, 승진 등 차등보상의 근거로 활용된다.

다음으로 큰 원이 하나 있다. Plan-Do-See를 모두 포함하는 개념이다. 계획하고 실행하고 확인하는 과정 전체를 인사평가라고 부를 수 있다. 이러한 전체 과정은 성과관리 관점으로 이루어진다. 이러한 성과관리 관점의 인사평가는 광의의 인사평가에 해당한다고 볼 수 있다. 성과관리를 통해서 성과향상을 이룰 수 있다.

여기서 중요한 몇 가지 핵심이슈가 등장하게 된다.

첫 번째 커크패트릭과 앤디 그로브는 인사평가의 목적을 성과향상이라고 말했다. 즉, 커크패트릭과 앤디 그로브는 근무평정 관점의 인사평가가 아니라 성과관리 관점의 인사평가를 인사평가로 인식하고 이야기를 한 것이다. 다시 말해서 인사평가는 성과관리를 의미하며 성과관리를 통해서 성과를 향상시킬 수 있다고 본 것이다. 커크패트릭과 앤디 그로브는 큰 원인 성과관리 관점의 인사평가를 전제하고 인사평가의 목적이 성과향상이라고 이야기 한 것이다. 이제야 커크패트릭과 앤디 그로브의 말이 이해가 된다.

두 번째 인사평가의 주목적은 성과향상이고 보조목적이 차등보상이라는 것이다. 성과관리를 통해서 성과향상을 이루어 내고 근무평정을 통해서 차등보상의 근거를 마련하게 된다. Plan-Do-See관점의 성과관리를 성공적으로 수행하게 되면 인사평가의 주목적인 성과향상을 이룰 수 있다. 또한 근무평정을 통해 평가등급을 도출함으로서 인사평가의 보조목적인 차등보상이 가능하게 된다.

세 번째 인사평가의 공정성에 관련된 내용이다. 우리는 협의의 인사평가인 근무평정의 공정성을 높이기 위해서 인사평가제도 개선 등 지속적인 노력을 기울이고 있다. 그러나 근무평정의 공정성은 쉽게 향상되지 않고 있다. 오히려 근무평정 결과에 대해서 이의를 제기하는 등 평가의 수용성은 계속 낮아지고 있는 것이 현실이다. 근무평정의 공정성은 오히려 성과관리를 제대로 수행함으로써 높일 수 있다. 즉, Plan-Do-See과정은 리더와 구성원의 소통을 강화시키고 이는 인사평가의 예측가능성을 높이게 된다. 또한 이러한 변화는 리더에 대한 구성원의 신뢰를 강화하고 궁극적으로 인사평가의 공정성을 제고하게 되는 것이다.

지금까지 인사평가의 두 가지 관점에 대해서 살펴보았다. 우리나라 대분의 기업은 근무평정 관점으로 인사평가를 인식하는 경향이 매우 강했다. 그러나 이제 인사평가를 성과관리 관점으로 바라보아야 한다. 성과관리 관점의 인사평가를 통해서 성과를 향상시키고 인사평가의 공정성을 제고하는 등 두 마리 토끼를 잡을 수 있을 것이다.

3 글로벌 기업의 인사평가 변화

글로벌 기업들은 인사평가를 어떻게 변화시켰을까? 우리와 마찬가지로 글로벌 기업들도 상대평가의 문제, 피드백의 애로 등 인사평가의 문제점을 경험하였다. 전 세계적으로 인사평가의 큰 변화가 일어난 것은 2015년 무렵이라고 볼 수 있다.

먼저 딜로이트(Deloitte) 사례를 살펴보자.

딜로이트는 더 이상 현재의 성과관리가 성과향상에 도움이 되지 않는다고 판단했다. 그리고 평가등급 결정이라는 연례행사가 되어버린 성과관리 제도를 어떻게 변화시킬지를 고민했다. 딜로이트는 새로운 성과관리 제도를 '연 200만 시간 낭비를 줄였다'라고 제목으로 하버드 비즈니스 리뷰를 통해서 발표했다. 그렇다면 과연 딜로이트는 어떻게 성과관리 제도를 변경했을까? 매우 정교한 성과관리제도를 도입했을 것이라는 예상과는 달리 딜로이트의 새로운 성과관리제도는 놀랍게도 4개의 질문으로 이루어진다는 것이다.

이 책을 읽는 독자여러분, 동료직원 한명을 머릿속에 떠올려 보자. 자 이제부터 그 사람을 평가해 보자.

첫 번째 질문 "내가 돈이 있다면 그 직원에게 가능한 한 최고의 임금인상과 보너스를 주고 싶다." '매우 동의한다'부터 '매우 동의하지 않는다'까지 5점 척도로 평가한다.

두 번째 질문 "나는 계속해서 이 직원과 한 팀이 되어 일하고 싶다." '매우 동의한다'부터 '매우 동의하지 않는다'까지 5점 척도로 평가한다.

세 번째 질문 "이 직원은 저성과의 위험에 처해 있다" 'yes' or 'no'로 평가한다.

네 번째 질문 "이 직원은 지금 바로 승진시켜도 될 만큼 준비가 되어 있다" 'yes' or 'no'로 평가한다.

우리에게는 평가표가 없었다. 그러나 내가 지금 머릿속에 떠올린 사람을 평가하는데 별로 불편함이 없다. 오히려 훨씬 더 직관적으로 평가하는 것이 가능하다.

딜로이트 사례와 관련하여 기억해야 할 중요한 내용이 있다. 우리는 딜로이트가 질문 4개로 평가하는 것은 언론보도를 통해서 접한 기억이 있다. 그러나 딜로이트의 '퍼포먼스 스냅샷'(performance snapshot)에 대해서는 거의 알고 있지 못하다. 딜로이트는 질문4개와 함께 '퍼포먼스 스냅샷'이라는 새로운 제도를 도입한 것이다. '퍼포먼스 스냅샷'의 핵심은 '매주 한 번씩 팀 리더가 팀원과 면담할 것을 요구한다'는 것이다. 여러분은 이해가 되는가? 매년 또는 매월이 아니라 매주 면담을 하라는 것이다. 만약 여러분의 회사에서 업무연락으로 '매주 한번 씩 면담을 시행하라'라는 공지를 올린다면 과연 리더로부터 어떤 반응이 나올까? '우리가 노는 줄 알아?', '인사팀은 현업이 어떻게 돌아가지는 모르는구먼' 등의 반응이 나오지 않을까? 이러한 점을 예상한 딜로이트는 바로 이렇게 언급한다. "이 업무는 팀 리더에게 추가로 요구되는 업무가 아니라 리더의 고유업무이다" 리더의 역할이 코칭이라는 것을 명확하게 밝히고 있다.

딜로이트의 변화를 정리해 보자. 딜로이트는 협의의 인사평가인 근무평정은 질문 4개로 끝낼 만큼 간소화하겠다는 것이다. 그리고 이제 코칭의 강화를 통해서 광의의 인사평가인 성과관리를 제대로 하겠다는 것이라고 볼 수 있다. 딜로이트는 인사평가의 본질이 코칭을 기반으로 하는 성과관리라는 것을 이해한 것이다. 딜로이트의 변화는 '이제 진정한 성과관리를 시작하겠다'라고 표현될 수 있을 것이다.

그림 4 딜로이트의 '퍼포먼스 스냅샷'(performance snapshot)

Deloitte.

"퍼포먼스 스냅샷(Performance snapshot)"

- 우리가 설계한 시스템은 팀 리더에게 매주 한 번씩 각 팀원과 면담할 것을 요구함. 이 업무는 팀 리더에게 추가로 요구되는 업무가 아니고 리더의 고유의 업무임.
- 성과관리를 통하여 성과를 측정하고 그에 따라 보상하는 것도 중요하지만 성과를 개선할 수 있다면 더 좋을 것이라는 생각을 갖게 됨.
- 리더의 면담빈도가 주1회에 미치지 못하면 미래에 대한 조언이 아니라 지나간 업무에 대한 피드백이 됨.

※ Harvard Business Review 2015.4.

이러한 딜로이트의 변화와 함께 글로벌 기업들의 변화가 가속화되었다. 먼저 GE(General Electric)의 변화이다. 상대평가의 대명사로 불리며

활력곡선(vitality curve)를 통해서 인재의 10%를 해고했던 GE가 상대평가를 폐지하게 된다. 2015년 GE는 PD@GE(performance development at GE)를 도입하고 상호 피드백 중심의 성과관리 제도를 도입하게 된다. GE는 평가등급 결정이라는 근무평정에서 벗어나 과정 중심의 성과관리로 변화한 것이다. 즉, 협의의 인사평가(근무평정)에서 광의의 인사평가(성과관리)로 변화했다고 볼 수 있다. GE의 상대평가제도 폐지는 많은 기업에게 충격을 주게 된다. GE는 잭 웰치라는 걸출한 경영자가 상대평가제도를 통해서 세계적인 기업으로 성장시킨 기업이다. 이러한 GE가 상대평가를 폐지하고 피드백 중심으로 변화된 것은 많은 기업에게 영향을 주게 된다.

그림 5 GE(General Electric)의 변화

GE 2015년 '줄 세우기식' 성과평가 폐지,
상호 피드백 중심의 PD@GE 도입

상시 상호 피드백 중심의 "PD@GE(Performance Development at GE)" 전환

- GE는 저성과자 하위 10%를 해고하는 엄격한 상대평가제를 시행하였으나, 10%룰은 디지털 시대에 맞지 않는다고 판단하고, 상시 상호 피드백 중심의 PD@GE를 도입하였음.
- 도입 이후 "직원들에게 서로에 대한 피드백을 해줄 수 있는 기회가 주어지자 상명하복 문화가 사라지고, 수평적이고 자유로운 분위기로 바뀌었으며, 협업과 참신한 아이디어 발굴이 더 용이해졌다."라고 평가하고 있음

※ 언론보도 및 공개보고서 수정 인용

다음으로 IBM의 변화이다. 2016년 IBM은 새로운 성과관리제도를 도입하였다. 새로운 성과관리제도는 체크포인트(checkpoint)라고 불린다. 목표를 연중 수시로 설정할 수 있도록 하였으며 피드백을 연중 수시기록하도록 했다. 연말평가는 상대평가 관점의 5등급 평가에서 절대평가 관점의 3등급 평가로 전환되었다. IBM도 코칭 중심의 성과관리를 도입한 것이다. 그리고 상대평가를 포기하고 절대평가를 선택한 것이다. IBM의 변화 역시 협의의 인사평가(근무평정)에서 광의의 인사평가(성과관리)로 변화된 것이라고 보는 것이 정확한 이해가 될 것이다.

그림 6 IBM의 새로운 성과관리제도 도입

IBM

IBM 2016년 새로운 성과관리 방식 도입
상시평가와 피드백을 위한 IBM 'Checkpoint'

구분	PBC (Personal Business Commitment)	Checkpoint
목표설정	• 연 1회 조직목표로부터 연계된 비즈니스 목표 반영	• 연중 수시로 팀/개인별 목표를 설정
피드백	• PBC도구를 통해 1년 1회 진행	• 목표대비 진행경과에 대한 피드백을 연중 수시 기록
연말평가	• 상대평가 관점 • 5단계 등급평가(1, 2+, 2, 3, 4)	• 절대평가 관점 • 3단계 등급평가(Exceeds/Achieves/Expect More)

※ 언론보도 및 공개보고서 수정 인용

지금까지 글로벌 기업들의 인사평가 변화 모습에 대하여 살펴보았다. 글로벌 기업도 역시 인사평가의 어려움을 겪었으며 이를 해결하기 위해서 치열한 고민을 했다는 점을 기억해야 한다. 결국 글로벌 기업은 평가등급 중심의 근무평정은 더 이상 의미가 없다고 판단하였고 피드백 중심의 성과관리로 전환하기로 결정한 것이다. 또한 글로벌 기업의 변화가 2010년대 중반부터 본격적으로 이루어졌다는 점도 중요한 포인트로 기억할 필요가 있다. 다시 말해 인사평가의 변화가 그리 오래되지 않았다는 것이다. 이러한 변화는 우리나라의 기업에도 많은 영향을 주게 된다. 그럼 이제 국내기업의 변화에 대하여 살펴보자.

4 국내기업의 인사평가 변화

국내기업은 인사평가를 어떻게 변화시키고 있을까? 먼저 LG전자의 사례를 살펴보자. 2019년 LG전자는 성과관리의 변화를 공개했다. LG전자의 성과관리의 지향점은 "성과관리를 구성원의 개개인의 성장에 집중함"이다. 여기서 한 가지 궁금증이 든다. 성과관리를 하면 왜 구성원이 성장하는가? 우리의 상식으로는 도저히 이해가 되지 않는다. 우리는 성과관리를 하면 '피곤해진다' 그리고 '짜증이 난다'라고 생각한다. 그런데 왜 LG전자는 성과관리를 통해 구성원이 성장할 수 있다고 생각하는 것일까? 이렇게 질문을 바꾸어 보자, 여러분은 일터에서 언제 성장하셨나요? 교육을 통해서? 아니면 책을 통해서? 물론 교육과 책이 여러분의 성장에 도움이 되었을 것이다. 그러나 여러분은 일을 통해서 근본적으로 성장했을 것이다. 그렇다. 우리는 일을 통해서 성장한다. 성과관리란 무엇인가? 일하는 방식을 말한다. 즉, LG전자는 일하는 방식의 변화를 통해 구성원의 성장을 지원하겠다는 것이다. 정말 멋진 방향성이라고 생각한다.

그럼 이제 구체적인 성과관리 제도를 살펴보자. 2월[목표설정] → 7월[상반기 리뷰] → 11월[연말평가]로 진행된다. 그리고 이러한 성과관리 과정에서 과제가 등록되고 피드백과 결과리뷰가 이루어진다. 여기서 눈에 띄는 단어가 보인다. 1:1 caring(케어링)이다. '평가'라는 단어는 왠지 우리를 불편하게 한다. 이러한 점을 고려하여 LG전자는 '평가'라는 단어 대신 'caring(케어링)'이라는 단어를 사용한 것이다. 또한 이를 통해 리더에게는 구성원을 돌봐주라는 메시지를 전달하는 효과도 얻게 된다.

인사평가 변화 핵심사항은 크게 3가지로 요약된다. 첫 번째 '상대평가에서 절대평가로의 변화'이다. 두 번째 '상시 수시코칭의 시행'이다. 세 번째 '다면평가제도의 도입'이다. 인사평가를 성과관리 관점으로 변화시키기 위해서는 반드시 절대평가의 도입이 필요하다. '목표합의-수시코칭-최종평가'로 이어지는 성과관리 과정을 떠 올려보자. 성과관리의 시작은 목표합의이다. 즉, 무엇을 어느 수준으로 할 것인가를 정하는 것이다. 당연히 절대평가가 이루어져야 한다. 다만, 절대평가 시 관대화 현상이 발생하기 때문에 최상위등급의 비율은 상대적으로 운영한다. 그리고 성과관리는 과정을 관리하는 것이기 때문에 당연히 수시코칭이 이루어져야 한다. 수시코칭은 그 자체로서 성과를 향상시키고 나아가 최종평가의 예측가능성을 높이게 된다. 이러한 수시코칭은 최종평가의 공정성을 제고하는 결과로 이어지게 된다. 그리고 구성원이 리더 한명의 의견은 받아들이기 쉽지 않기 때문에 다면평가를 도입하는 것이다. 여러 명의 동료가 동일한 이야기를 한다면 한번쯤 깊게 고민하게 될 것이다.

LG전자의 인사평가 변화방향성의 핵심은 무엇일까? 더 이상 협의의 인사평가(근무평정)에 머물지 않고 광의의 인사평가(성과관리)로 나아가겠다는 것으로 요약될 수 있다. 2019년 LG전자의 성과관리 변화를 시작으로 대기업들의 인사평가 변화가 시작된다. 그리고 급속히 중견기업과 중소기업으로 인사평가의 변화가 확산되는 결과로 이어지게 된다.

그림 7 LG전자의 인사평가 변화방향성

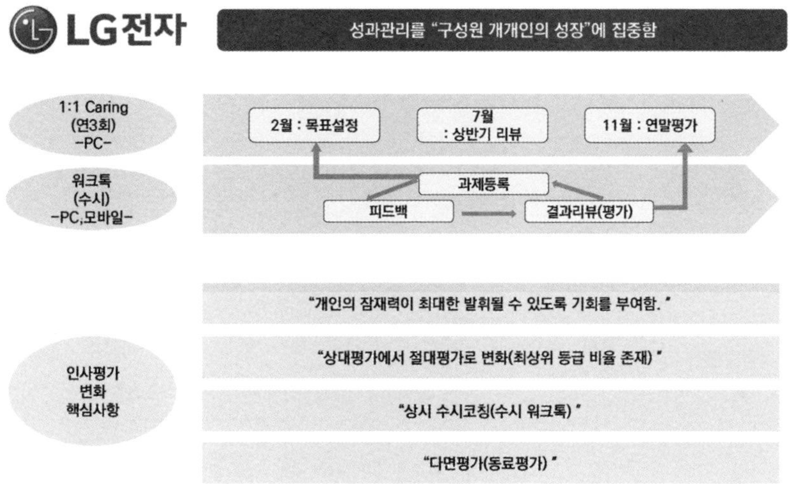

※ 월간 인사관리 2019년 6월호 수정 인용

다음으로 현대자동차 인사평가의 변화이다. 현대자동차는 LG전자와 비슷한 시점에서 인사평가의 변화를 시행한다. 현대자동차 인사평가의 변화의 핵심포인트는 3가지이다. 절대평가, 상시피드백, 동료코멘트로 요약할 수 있다. 첫 번째, 줄세우기식 평가제도를 폐지하고 '절대평가로 변화'이다. 즉, 상대평가제도를 폐지하겠다는 것이다. 두 번째, 리더와 구성원간의 '상시 피드백 시스템의 도입'이다. 즉, 수시코칭 제도의 도입이다. 세 번째, 동료간 업무역량에 대해 코멘트 할 수 있는 제도의 신설이다. 즉, '동료평가제도 신설'이다. 그리고 추가적으로 지속적으로 성과관리 서베이를 시행하겠다는 것이다. 현대자동차와 LG전자의 제도는 용어만 다를 뿐 동일한 제도로 보인다. 왜 이렇게 인사평가의 동일한 변화가 일어난 것일까? 삼성전자의 변화를 살펴본 후 왜 동일한 변화가 일어나는지에 대해서 살펴보자.

그림 8 현대자동차의 인사평가 변화

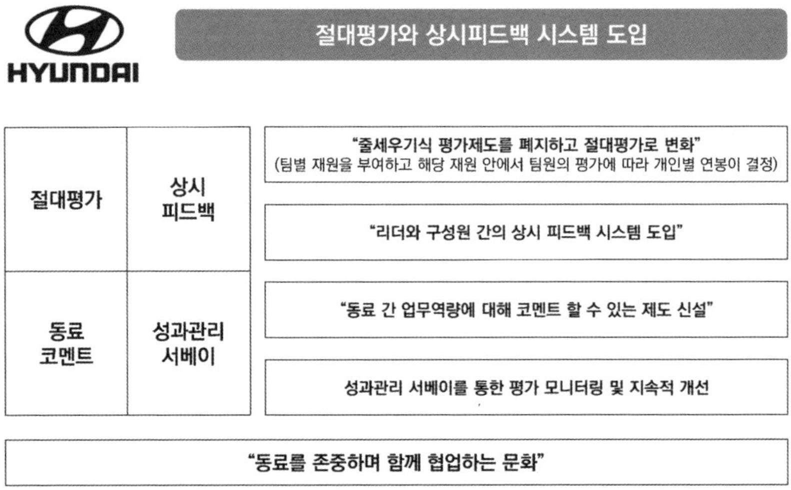

※ 월간 인사관리 2019년 10월호 수정 인용

삼성전자도 2021년 인사제도의 변화를 시행하였다. 인사제도 중 인사평가의 변화는 사실상 3가지로 요약할 수 있다. 절대평가, 수시피드백, 피어(peer) 리뷰이다. 세부적으로 살펴보자. 첫 번째 상대평가 제도를 폐지하고 누구나 상위평가를 받을 수 있는 '절대평가로 변화'이다. 다만, LG전자와 마찬가지로 최상위 평가는 일정비율을 유지하기로 한다. 두 번째, 부서원들의 성과창출과 업무를 통한 성장을 유도하기 위한 '수시 피드백 제도의 도입'이다. 세 번째, 임직원간 협업을 장려하기 위한 '서술형 방식의 피어 리뷰제도 도입'이다. 피어 리뷰제도는 점수방식이 아니라 의견을 개진하는 서술형 방식을 채택한다. 동료에게 점수를 주는 것이 아니라 변화를 요청하는 의견을 전달하겠다는 것이다.

그림 9 삼성전자의 '미래지향 인사제도 혁신' 추진

SAMSUNG

삼성전자, '미래지향 인사제도 혁신' 추진

- '엄격한 상대평가' 방식에서 성과에 따라 누구나 상위평가를 받을 수 있는 '절대평가'로 전환함. 단, 고성과자에 대한 인정과 동기부여를 위해 최상위 평가는 기존과 동일하게 10% 이내로 운영할 예정임.
- 부서원들의 성과창출을 지원하고 업무를 통한 성장을 유도하기 위해 부서장과 업무 진행에 대해 상시 협의하는 '수시 피드백'을 도입함.
- 또한 부서장 한 명에 의해 이뤄지는 기존 평가 프로세스를 보완하고 임직원간 협업을 장려하기 위해 '피어(Peer)리뷰'를 시범 도입할 예정이며, 일반적인 동료평가가 갖는 부작용이 없도록 등급 부여 없이 협업 기여도를 서술형으로 작성하는 방식을 적용함.

※ 삼성 뉴스룸 홈페이지 자료 인용, 2021.11.29. 보도

여기서 눈치가 빠른 독자들은 한 가지 사실을 발견하게 된다. 놀랍게도 LG전자, 현대자동차, 삼성전자의 변화가 동일하다는 것이다.

그렇다. LG전자, 현대자동차, 삼성전자는 용어만 다를 뿐 동일한 제도를 도입하였다. 그렇다면 어떻게 이런 결과가 나올 수 있을까? 바로

모두가 인사평가를 성과관리 관점으로 변화시켰기 때문이다. 인사평가의 변화방향성은 사실상 한 방향으로 수렴하고 있다. 바로 근무평정 관점에서 성과관리 관점으로 변화이다. 이제 인사평가의 변화 방향성은 정해진 것 같다. 이제 우리는 성과관리를 어떻게 성공적으로 수행할 것인가에 대해서 고민해야 할 시점이다. 나아가 성과관리의 성공적 운영을 통해서 근무평정의 공정성이라는 선물을 받게 될 것이다.

[표 1] 국내 대기업 인사평가 변화방향

LG전자	현대자동차	삼성전자
절대평가	절대평가	절대평가
상시 수시코칭	상시피드백	수시피드백
다면평가	동료코멘트	피어리뷰

Chapter

II

인사평가의 문제점은 무엇일까?

1 계량화에 대한 환상

인사평가 시 우리는 이런 가정(assumption)을 한다. "계량화 → 객관적 → 공정함"이라고 생각한다. 그래서 우리는 인사평가를 계량화 하려고 노력했다. 계량화 이슈에서 KPI(Key performance indicator)[1)]가 등장한다. 우리나라 거의 모든 회사의 인사평가 방향성은 계량화라고 이야기해도 과언이 아니다. 그러나 여기서 한 가지 질문을 던져보자. "여러분의 업무 성과는 계량화되나요?" 이 질문에 "예"라고 대답할 수 있는 사람은 거의 없을 것이다. 지원, 영업, 생산, 연구 등 어떤 업무든지 모든 성과를 계량화하는 것은 불가능하다. 단지 일부 성과가 계량적으로 표현될 수 있을 뿐이다. 이렇게 생각하는 분들이 계실 수 있다. "영업은 매출이 있기 때문에 계량화되지 않나요?" 물론 영업은 다른 직무보다 계량화 요소가 많을 수 있다. 그러나 매출을 달성하기 위한 고객관리, 마케팅 활동 등은 계량화 할 수 없다. 우리나라 기업들은 IMF이후 1990년대 후반 성과주의를 도입하면서 계량화를 선택하게 된다. 그러나 1990년대 후반부터 지금까지 20년 넘게 계량화를 시도하였지만 우리는 계량화를 통해서 인사평가가 공정하게 되었다는 회사를 아직 만나지 못했다.

결론적으로 우리는 계량화되지 않는 것을 계량화하려고 노력한 것이다. 그래서 대부분의 기업에서 "제안건수 2건"이라는 성과목표를 만나게

---

1) KPI(Key performance indicator)는 핵심성과지표라는 의미를 담고 있으나 본 책에서는 KPI를 '계량화 된 정량지표'로 정의한다.(일반적으로 KPI는 정량지표와 동의어로 사용된다)

된다. 제안이 중요하다는 것은 모두 인정할 수 있다. 그러나 제안은 제안의 '질'이 중요하지 '건수'가 중요한 것이 아니다. 제안을 계량화하려고 하니 '건수'라는 말도 안되는 KPI가 등장하게 되는 것이다. 필자가 컨설팅 중 경험한 최악의 성과지표는 인사팀의 '노사협의회 개최건수 4건'이다. 너무 어이가 없어서 인사담당에게 물어봤다. '박책임님 노사협의회는 법률에서 분기별로 개최하도록 규정하고 있지 않나요? 노사협의회 개최건수 4건은 당연히 해야 하는 것 아닌가요?' 이 질문에 박책임은 이렇게 대답했다. '사실 저도 참 부끄럽습니다. 그런데 저희 사장님이 인사평가를 모두 계량지표인 KPI로 하라고 지시하셨습니다. 모든 팀에 KPI로 평가하라고 해 놓고 인사팀만 KPI로 안할 수 없지 않습니까? 아시다시피 인사업무는 계량화되는 것이 거의 없는데 계량화하려고 하다 보니 '노사협의회 개최건수 4건'이 나오게 됐습니다.' 필자는 너무 어이가 없어서 웃고 넘어갔지만 마음 한편에서는 씁쓸함이 올라왔다. 우리는 계량화되지 않는 업무를 계량화하면서 인사평가의 공정성을 기대하는 것이다.

실제 공공기관에서 발생한 일이다. A공공기관은 인사평가 컨설팅을 받았다. 컨설팅을 통해 A공공기관은 KPI 중심의 평가제도를 도입했다. 그러나 다음해부터 문제가 발생하기 시작하였다. 직원들은 쉬운 KPI를 선택하기 시작하였고 나아가 목표수준을 낮추었다. 결국 직원 100% 모두 성과목표를 달성하게 되었다. 그러나 이게 웬일인가? 직원 모두가 성과목표를 달성하였지만 A공공기관의 조직성과는 지속적으로 낮아지고 있었던 것이다. 즉, 회사의 경영성과는 점점 악화되고 있는데 직원 개인은 자신의 성과목표를 달성했다고 말하는 아이러니한 상황이 발생하게 되었다. 결국 노동조합의 '이런 무의미한 페이퍼워크를 언제까지 해야 하느냐?'고 문제를 제기했고 새로운 인사평가 도입 5년 만에 성과평가를 보류하게 되었다. 이와 같은 상황은 비단 A공공기관의 문제만이 아니다. 우리나라의 대부분의 기업들이 계량화로 인한 심각한 문제를 경험하고 있다. 그렇다면 이제는 계량화가 아닌 다른 대안을 찾아야 한다.

그림 10 과연 A공공기관에서는 무슨 일이 일어났을까?

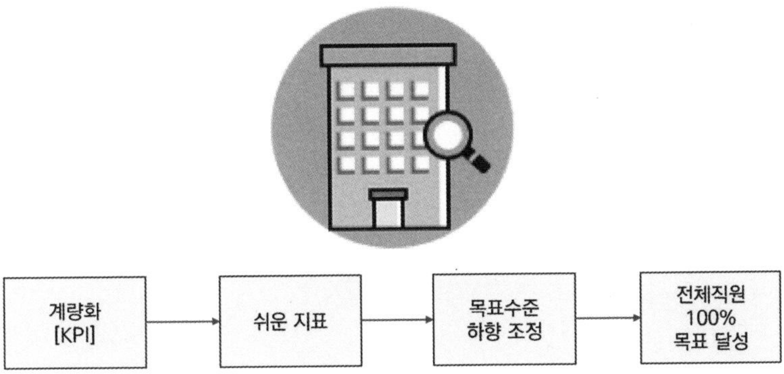

그럼 계량화의 문제점을 구체적으로 살펴보자.

첫 번째 오히려 중요한 업무가 평가에서 배제된다.

계량화를 시도하게 되면 먼저 계량화가 가능한 업무가 무엇인지를 살펴보게 된다. 그리고 그 중에서 쉬운 지표를 성과목표로 선정한다. 즉, 중요한 업무는 배제되고 계량화가 가능한 업무를 통해서 평가가 이루어지게 된다. 참으로 황당한 일이 발생하는 것이다. 앞서 살펴본 인사팀의

‘노사협의회 개최건수 4건’이 떠오른다.

두 번째 형식적인 KPI로 성과목표가 가득차게 된다.

직원들이 수행하는 대부분의 업무는 비계량적인 정성적인 업무이다. 그러나 계량화를 계속 시도하게 되면 형식적인 KPI를 선택할 수밖에 없다. ‘제안건수 2건’ 같은 무의미한 형식적인 지표를 통해서 인사평가가 이루어지는 안타까운 상황이 발생한다.

세 번째 과정이 무시되고 결과만 중시된다.

계량화는 결과 중심의 인사관리와 연계된다. 따라서 업무수행 과정을 중요하게 보지 않는 문화가 만들어진다. 모든 결과는 과정을 통해서 나오게 된다. 즉, 과정이 좋다면 결과는 당연히 좋을 가능성이 높다. 그러나 계량화는 구성원에게 과정이 어떤지는 중요하지 않다는 메시지를 전달하게 된다.

네 번째 도덕적 문제가 발생한다.

계량화된 평가는 윤리경영의 문제 등을 야기시킨다. 계량화된 숫자 목표를 달성하는 것은 다양한 방법을 통해서 가능하다. 예를 들어 ‘산재사고 발생률’이라는 계량지표만으로 산재담당의 업무를 평가하게 되면 산재를 은폐하는 것을 정당화시키게 되는 것이다.

다섯 번째 결국 인사평가의 공정성이 무너진다.

결론적으로 계량화는 인사평가를 공정하게 하지 못한다. 오히려 인사평가에 대한 불신과 혐오를 만들어 낼 뿐이다. 필자는 우리나라 인사평가를 망친 주범이 계량화라고 생각한다. 20년간 계량화에 도전했다면 충분한 시간이다. 계량화가 인사평가를 공정하게 만들지 못한다는 것은 검증이 끝났다. 이제 다른 대안이 필요한 시점이다.

2 상대평가? 절대평가?

기업의 인사평가 문제점에서 항상 등장하는 이슈가 상대평가의 어려움이다. 아직도 많은 기업들은 상대평가를 실시한다. 우리는 어려서부터 상대평가를 받아왔다. 대학을 입학할 때 수능을 보고 수능등급을 받은 후 성적에 맞는 대학을 결정했다. 이러한 상대평가는 회사에 입사한 후에도 계속된다. 그러나 상대평가는 결정적인 단점이 있다. 꼴찌도 우수한 경우가 있을 수 있다는 점이다. 예를 들어 영업팀에 영업담당 5명이 있다고 가정해 보자. 올해 모두가 열심히 해서 영업담당 5명 모두가 성과목표를 달성했다. 그런데 이러한 상황에서도 달성률 꼴찌는 존재한다. 그래서 결국 꼴찌는 "C"평가를 받게 된다. 꼴찌는 팀장에게 이렇게 말한다. "팀장님 성과목표를 달성했는데 C가 말이 되나요?" 상대평가 시 팀장의 가장 큰 고민은 누구에게 "C"를 주는가이다. 이런 상황 때문에 상대평가에 대한 우스갯소리가 있다. '인사평가 시 퇴사 예정자가 있는 팀의 팀장이 가장 부럽다'는 이야기이다. 퇴사예정자에게 "C"를 주면 되기 때문이다. 또한 상대평가는 서열을 내리는 방식이기 때문에 본질적으로 상대를 이겨야 하는 제도이다. 상대평가는 조직 내 협업을 크게 위협하기도 한다. 그래서 기업은 인사평가를 절대평가로 전환하게 된다.

절대평가로 전환하면 상대평가 시 발생했던 여러 가지 문제점이 해결된다. 그러나 다른 문제가 등장한다. 절대평가는 성과기준을 달성했는지를 평가하는 방식이다. 그러나 성과기준을 설정하는 것 자체가 매우 어렵다. 그래서 팀장은 우선 옆 팀의 팀장을 신경쓰게 된다. 옆 팀의 팀장은 평가를 후하게 주는데 본인만 엄격하게 주면 우리 팀의 팀원들이 피해를 보기 때문이다. 따라서 절대평가는 관대화 현상이 일어나게 된다. 최근 상담한 A기업의 사례이다. 절대평가를 도입한 후 성과평가 평균점이 99점이 나왔다는 것이다. 내년에 100점 만점이 나올까 걱정된다는 이야기를 듣게 되었다. 그러나 A기업의 조직성과는 계속 하락하고 있다. 사장님이 인사팀장에게 이렇게 이야기를 한다. '아니 직원 모두는 S평가를 달라고 하는데 왜 회사는 적자가 나나요?' 결국 A사는 절대평가를 포기하고 다시 상대평가로 전환하게 된다.

상대평가와 절대평가 중 완벽한 제도는 없다. 절대평가와 상대평가 모두 장점과 단점이 존재하는 것이다. 그런데 우리는 계속 절대평가와 상대평가의 단점을 피하기 위해서 제도를 변경해 왔다. 그렇다면 어떠한 접근이 필요할까? 다시 인사평가의 목적으로 돌아가 보자. 인사평가의 주목적은 '성과향상'이고 보조목적은 '차등보상'이다. 상대평가는 인사평가의 보조목적인 '차등보상'의 기준을 제시하기에 적합한 방식이다. 모두 연봉을 높게 올려주거나 모두 승진을 시켜줄 수는 없기 때문이다. 그러나 상대평가를 강화한다고 해서 성과향상이 이루어지기는 쉽지 않다. 반면에 절대평가는 인사평가의 주목적인 '성과향상'에 도움을 줄 수 있는 제도이다. 성과기준을 설정하고 성과기준을 충족했는지를 보는 제도이기 때문이다. 그렇다면 이제 결론은 확실하다. 우리는 성과향상을 위해서 절대평가를 시행해야 한다. 절대평가가 완벽하기 때문이 아니다. 분명히 절대평가의 단점이 존재한다. 하지만 절대평가가 성과향상에 더 큰 도움을 주기 때문에 절대평가를 해야 하는 것이다.

또한 매우 상식선에서 생각해 볼 때 상대평가는 매우 성공하기 어렵다고 생각한다. 상대평가는 동일한 환경에게 비교평가가 이루어질 때 공정성이 확보될 수 있다. 그래서 수능시험은 동일한 날짜, 동일한 시간, 동일한 문제를 통해서 이루어지는 것이다. 그러나 기업의 모습을 살펴보자. 상대평가를 하는 회사는 보통 직급별로 비교평가를 한다. 즉, 사원은 사원끼리, 대리는 대리끼리, 과장은 과장끼리 비교하는 것이다. 일견 타당해 보이는 접근이다. 그러 이 질문에 대답해 보면 전혀 타당하지 않다는 것을 바로 알게 된다. "손흥민 선수는 축구를 잘 합니다. 류현진 선수는 야구를 잘 합니다. 그렇다면 손흥민 선수와 류현진 선수 중 누가 운동을 더 잘하나요?" 정말 바보 같은 질문이다. 손흥민 선수는 축구선수이고 류현진 선수는 야구선수이다. 당연히 서로 누가 운동을 더 잘하는지 비교할 수 없다. 그러나 우리는 기획담당 홍대리, 인사담당 김대리, 재무담당 박대리를 서로 비교해서 평가하고 있는 것이다. 당연히 공정한 평가를 기대할 수 없다.

최근 기업들은 절대평가를 선택하고 있다. 다른 기업이 절대평가를 하니까 우리도 절대평가를 해야겠다고 생각하는 것은 매우 위험한 접근이다. 절대평가를 선택한 기업은 관대화 현상이라는 문제가 발생함에도 불구하고 성과향상이라는 목적으로 나아가겠다는 의지를 가지고 있는 것이다. 절대평가 시 발생하는 관대화 현상은 '최고등급 비율 제한' 또는 '임금인상 시 예산배분 방식' 등 다양한 접근을 통해서 해결해야 할 것이다. 더 나아가 절대평가의 성패는 리더의 성과기준 설정 능력에 의해서 결정되게 된다. 따라서 절대평가로 변경하게 되면 리더의 성과관리 역량 향상 교육을 강화해야 한다는 점을 반드시 기억해야 한다.

3 승진대상자 우대 현상

인사평가의 가장 풀기 어려운 문제는 바로 '승진대상자 우대 현상'이다. 솔직히 표현하자면 '승진대상자 몰아주기'이다. 승진대상자 우대 현상이란 무엇일까? 아주 간단한 사례를 들어보자

- **김대리** - 대리 7년차(과장 승진대상자, 과장 3번 떨어짐)
  - 나이 37세, 기혼, 자녀 2명(5살, 3살)
  - 업무성과 : 낮음
- **박대리** - 대리 1년차(올해 대리 진급함)
  - 나이 29세, 미혼, 자녀 없음
  - 업무성과 : 높음

여러분이라면 박대리와 김대리 중 누구에게 높은 평가를 주겠는가? 교과서에는 '업무성과를 기준으로 공정하게 평가해야 한다'고 쓰여 있다. 그러므로 당연히 김대리에게 낮은 평가를 주고 박대리에게 높은 평가를 주면 된다.(높은 평가를 'A', 낮은 평가를 'B'라고 하자) 그러나 현실은 조금 다르다. 위 사례를 김대리와 박대리의 리더인 김팀장 입장에서 바라보자. 교과서에서 말하는 대로 업무성과를 기준으로 평가하면 김대리는 'B', 박대리는 'A'를 받게 된다. 그렇게 되면 김대리는 또 과장승진에서 탈락할 가능성이 높다. 만약 김대리가 또 과장 승진에서 탈락하면 어떻

게 될까? 김팀장은 공정한 리더가 될까? 물론 인사평가만을 볼 때는 공정한 평가를 한 것으로 볼 수 있다. 그러나 김팀장은 팀원으로부터 이런 이야기를 듣게 될 가능성이 높다.

팀원 A : 우리 팀장은 너무 심한 거 아냐? 이번에 김대리님 또 떨어졌데.
(김대리에 대한 안타까움)

팀원 B : 그러게 말이야, 이번에는 좀 챙겨줄 줄 알았는데. 너무 심하다.
(팀장에 대한 야속함)

팀원 C : 이거 이러다가 우리도 팀장님에게 팽 당하는 거 아니야?
(팀장에 대한 불신)

팀원 D : 그리고 있잖아, 우리 팀장님 너무 영향력이 없는 것 같아. 팀장님 믿고 가도 될까? 나중에 우리를 못 챙겨줄 것 같아.
(팀장 능력에 대한 의구심)

김팀장은 공정한 평가를 했다고 생각했다. 그러나 김팀장에게 돌아오는 팀원의 메시지는 '김대리에 대한 안타까움 → 팀장에 대한 야속함 → 팀장에 대한 불신 → 팀장 능력에 대한 의구심'으로 이어지게 되는 것이다.

이러한 점을 예상한 김팀장은 실제 상황에서는 다른 선택을 하게 된다. 승진대상자인 김대리는 챙겨주게 된다. 즉, 김대리에게 'A', 박대리에게 'B'를 준다. 그리고 이런 인사평가를 기준으로 김대리는 과장으로 승진하게 된다. 이상황에서 김팀장은 어떤 팀장이 될까? 물로 인사평가만을 볼 때는 불공정한 리더가 될 수도 있다. 그러나 김팀장에게는 팀원으로부터 이런 이야기를 듣게 될 가능성이 높다.

팀원 A : 이번에 김대리님 과장으로 승진했네.

(김대리에 대한 축하의 마음)

팀원 B : 그러게 말이야, 이번에는 팀장님이 김대리님 확실히 챙겨준 것 같아.

(팀장에 대한 고마움)

팀원 C : 역시 우리 팀장님은 자기새끼는 잘 챙겨.

(팀장에 대한 믿음)

팀원 D : 팀장님 믿고 가도 괜찮을 것 같아. 우리도 승진대상자 되면 본부장님이랑 HR에 확실히 어필해줄 거야. 걱정하지 말자고.

(팀장 능력에 대한 신뢰)

김팀장은 승진대상자를 챙겨주는 불공정한 평가를 했다. 그런데 김팀장에게 돌아오는 팀원의 메시지는 '김대리에 대한 축하의 마음 → 팀장에 대한 고마움 → 팀장에 대한 믿음 → 팀장 능력에 대한 신뢰'로 이어지게 되는 것이다. 그리고 김팀장은 조용히 박대리를 불러서 이렇게 이야기한다. '박대리, 너도 알다시피 김대리가 나이도 많고 결혼해서 아이도 둘이나 되잖아, 먼저 김대리가 과장 달아야지. 그렇지? 걱정마 박대리도 승진대상되면 잘 챙겨줄테니까 걱정하지 말고 열심히 해, 알았지?'

인사평가 시 승진대상자 우대현상은 정말 해결하기 어려운 문제이다. 최근 직급체계 개편으로 직급의 수가 줄어들면서 승진에 대한 문제가 좀 줄어든 것 같기도 하다. 그러나 아직도 많은 기업은 승진과 연계된 인사평가 문제를 가지고 있는 것이 현실이다.

리더는 항상 리더십을 강화하는 선택을 하게 된다. 즉, 조직장으로서 조직관리를 해야 하기 때문에 인사평가의 공정성이 훼손되더라도 조직관리에 도움이 되는 선택을 하게 되는 것이다. 이러한 상황에서 평가자 교육 시 '승진자 우대하지 마시고 공정하게 평가하세요'라고 말하는 것은 '소귀에 경읽기'에 불과할 수 있다. 국내 10대 그룹 중 한 그룹이 승진대상자 우대현상을 없애기 위해서 TFT를 운영한 적이 있다. 그러나 결론은 '승진대상자 우대현상을 완전히 막는 것은 불가능하다'였다. 해당 그룹은 승진 시 초임으로 이동하는 것을 폐지하고 자신의 현재 임금을 기준으로 일정 임금인상률을 적용하는 등 승진의 매력을 낮추는 방식으로 승진대상자 우대현상을 없애고자 했으나 사실상 실패했다.

이 시점에선 이런 질문을 던져보자. 그렇다면 승진자 우대현상은 왜 생겨났을까? 인사평가 결과를 기준으로 승진을 결정하기 때문이다. 대부분의 기업들이 인사평가 점수 80%, 대표이사 점수 20% 등 인사평가를 기준으로 승진자를 결정한다. 그렇게 때문에 리더는 승진대상자를 승진시키기 위해서 인사평가 결과를 왜곡시키는 선택을 하게 되는 것이다. 그럼 다시 본질적인 질문을 던져보자. 과거에 일을 잘한 사람을 승진시키는 것이 맞을까? 우리는 이런 경우를 종종 목격한다. 팀원일 때는 일을 잘하는 직원이 팀장이 돼서 업무성과가 낮게 나타나는 경우이다. 왜 그럴까? 그 직원은 팀원으로서 높은 역량을 가졌지만 팀장으로서 리더십 역량을 갖고 있지 않을 가능성이 높다.

그렇다면 승진대상자 우대현상에 대한 솔루션의 방향이 나온 듯하다. 인사평가 결과와 승진의 연계성을 약화시키는 것이다. 예를 들어 인사평가는 승진자 결정의 최소 허들정도로 적용하고 별도의 승진심사(다면평가, 승진세션 등)를 통해서 승진자를 결정하는 것이다. 이와 같이 인사평가와 승진의 연계고리를 약화시키게 되면 승진대상자를 우대하는 인사평가문화는 자연스럽게 사라질 가능성이 높다. 물론 승진대상자 우대

현상은 매우 복잡한 이슈이기 때문에 인사평가와 승진의 연계성을 약화시키는 방안과 함께 좀 더 깊이 있는 추가적인 방안을 고민하는 것이 필요할 것이다.

4 목표설정 애로

목표설정의 애로도 인사평가 시 자주 언급되는 항목이다. 목표설정부터 제대로 되지 않으니 이후 수시코칭이 잘 될 리가 없다. 그렇다면 왜 목표설정이 어려울까? 여러 가지 이유가 있을 수 있다.

첫 번째 업무와 목표의 혼동이다.

목표수립을 하라고 하면 업무를 적어온다. 어떤 경우에는 목표를 30개 잡기도 한다. 본인의 모든 업무를 목표라고 생각하는 것이다. 업무와 목표를 혼동하기 때문에 '매년 목표가 동일하다'고 말하기도 한다. 그럼 목표란 무엇일까? 목표란 '성과책임을 달성하기 위해서 올해 반드시 해야 할 중요한 일'을 말한다. 모든 업무가 목표가 되는 것이 아니라 업무 중에서 중요한 일이 목표로 설정되는 것이다. 그리고 목표는 과제 중심으로 표현하는 것이 바람직하다. 즉, 일상업무가 아니라 올해 반드시 해야 할 핵심과제를 목표로 설정하는 것이다. 바람직한 인사담당의 성과목표 예시이다.

[2023년 인사담당 성과목표] – 핵심과제 중심의 목표수립

1. 경력사원 면접제도의 개선
2. 계약직 직원 급여전산 프로그램 도입
3. 신입사원 멘토링 제도 시행

4. 주52시간제 대응 방안 수립 및 시행
5. 직장 내 괴롭힘 예방 방안 수립 및 시행

두 번째 계량화되는 것만 목표라고 생각하는 것이다.

목표설정에서 계량화 문제가 또 다시 등장한다. 목표를 설정하다 보면 계량화되는 것 위주로 목표를 설정하는 경향이 발생한다. 그러나 구성원 대부분의 업무는 계량화되지 않는 정성적인 업무이다. 중요한 업무는 대부분 정성적인 업무인데 계량화되는 업무만을 목표로 설정하다보니 형식적인 목표수립이 되고 만다. 예를 들어 제안건수, 거래처 방문횟수 등 형식적인 지표목표가 대부분 성과목표를 차지하게 된다. 그러나 성과목표란 '올해 해야 하는 중요한 일'이기 때문에 정성적인 목표는 당연히 포함되어야 한다. 또한 정성적인 목표는 목표수준이 없다고 생각하는 것도 큰 오해이다. 정성적 목표는 리더와 논의를 통한 '결과이미지' 도출을 통해서 목표수준을 수립할 수 있다.

[표 2] 목표수준 설정(예시)

업무	성과목표	목표수준
채용	면접제도의 개선 (정성적 목표)	• 현재, 집단면접 방식의 문제점을 분석하고 프리젠테이션 면접 또는 토론면접 등 새로운 면접방식으로 상반기 중 도입함.

※ 정성적인 목표의 경우 목표수준을 초과달성, 달성, 미달성 등 3개의 수준으로 결과이미지를 작성하는 방식도 가능하다.

'면접제도의 개선'이라는 성과목표는 계량적인 목표가 아니다. 비계량적인 정성적인 목표이다. 그렇다면 정성적인 성과목표의 목표수준은 어떻게 수립해야 할까? 정성적 성과목표의 경우 정량적 성과목표에 비해서 목표수준 설정이 훨씬 어려운 것이 사실이다. 정량적 성과목표는 목표수준이 숫자로 나오기 때문에 오히려 쉽다. 그러나 정성적 성과목표는 목표수준이 숫자로 나오지 않기 때문에 어떤 결과를 만들 것인지에 대하여 리더와 논의를 하여야만 도출할 수 있다. 결론적으로 목표설정 시 비계량적 목표(정성적 목표)도 성과목표에 포함시키는 것이 반드시 필요하다.

세 번째 목표변경에 따른 문제점이다.

좀 더 쉽게 표현하지면 '어차피 바뀔건데 뭣 하러 목표를 설정하나?'라고 생각하는 것이다. 보통 목표설정은 연초에 이루어진다. 따라서 1년간의 성과목표를 모두 목표수립 시점에서 확정하는 것은 매우 어렵다. 그러므로 업무가 진행되면서 성과목표를 추가하는 등 목표변경이 이루어지게 된다. 이런 상황 때문에 연초 목표설정을 무의미한 절차로 보는 경향이 발생하는 것이다. 그러나 이는 목표의 속성을 이해하지 못해서 발생하는 것이다. 연초에 목표를 수립하는 가장 중요한 이유는 조직관점의 목표와 개인관점의 목표를 정렬시키기 위해서이다. 그리고 업무수행 시 목표가 변경되는 것은 조직목표의 변경, 업무분장의 변경, 환경의 급격한 변화 등에 대응하기 위해서이다. 따라서 연초 목표를 수립하는 것은 1년간 성과목표의 방향성을 수립하기 위해서 반드시 해야 하는 것이다. 그리고 목표의 변경은 오히려 실질적인 목표설정을 위해서 당연히 일어나는 현상으로 봐야 한다.

지금까지 목표설정의 애로점에 대해서 살펴보았다. 목표설정은 매우 어려운 평가절차이다. 그러나 목표설정 없이는 정상적인 성과관리가 불가능하다. 이제 리더의 목표설정 역량을 향상시키는 노력을 시작해야 한다.

5 평가권 문제(1차 평가 – 2차 평가)

인사평가의 매우 중요한 문제 중 하나는 평가권 설계이다. 우리나라 대부분 회사들은 1차 평가–2차 평가 등 다단계 평가권을 선택하고 있다. 필자는 4차 평가로 이루어진 회사를 만난 적도 있다.(1차 평가 40%, 2차 평가 30%, 3차 평가 20%, 4차 평가 10%)

[표 3] 과거 기업의 평가권 구조 – 피평가자가 팀원인 경우

구분	평가비중
1차 평가(팀장)	60%
2차 평가(본부장)	40%
계	100%

이처럼 평가권이 1차 평가–2차 평가 등 다단계로 구성된 경우 어떤 일이 일어날까? 평가결과를 피드백하는 상황을 예를 들어보자.

〈평가결과 피드백 상황〉

김팀장 : 박대리 인사평가 결과가 나왔네.
박대리 : 평가결과요?*(기대하며)* 어떻게 나왔나요?*(내심 'A'평가를 기대한다)*
김팀장 : B가 나왔더라고….*('내가 B를 줬어'라고 말하지 않는다)*
박대리 : 제가 B가 나왔다고요?
김팀장 : 그러게 말이야. 이번에 나는 잘 줬거든, 그런데 본부장님이 잘 안주신 것 같아.*('박대리 나를 원망하지마'라는 뉘앙스를 전달한다)*
박대리 : 일단 알겠습니다. 팀장님…*(어깨가 축 처진 박대리)*

왜 이런 일이 벌어질까? 팀장과 본부장이 평가권을 60% 대 40%로 나눠 가졌기 때문이다. 이런 평가권 구조에는 1차 평가는 인사평가 결과에 대해서 책임을 지기보다는 면피하는 모습을 보이게 된다. 왜냐하면 평가권이 60%밖에 없기 때문에 굳이 평가결과에 대해서 책임을 질 필요가 없다. 즉, 여러 명의 평가를 통한 평가결과는 누구에 의한 결론인지 알 수 없게 되는 것이다. 결론적으로 다단계 평가권 구조에서는 성과관리가 정상적으로 이루어지기 매우 어렵다.

그렇다면 우리나라는 왜 이런 다단계 평가권을 가지게 되었을까? 바로 근무평정 관점의 인사평가를 시행했기 때문이다. 연말에 시행하는 근무평정의 경우 한명이 점수를 주는 것보다는 여러 명이 점수를 주는 것이 보다 공정하게 보일 수 있다. 사실 근무평정 관점의 인사평가 시 평가결과를 피드백하는 경우도 거의 없었던 것이 사실이다. 그러나 우리는 성과관리 관점의 인사평가를 시행하여야 한다. 성과관리 관점의 인사평가를 성공적으로 시행하기 위해서는 성과관리자가 본인의 의견을 명확히 전달하는 것이 필요하다. 그렇다면 이제 다단계 평가권 구조를 1차 평가자 중심으로 변화시키는 것을 고민해야 할 시점이 온 것이다.

[표 4] 최근 기업의 평가권 구조 – 피평가자가 팀원인 경우

구분	평가자 역할
1차 평가(팀장)	점수 부여 및 등급부여(점수100점)
2차 평가(본부장)	등급 확인 및 조정(1차 평가자–2차 평가자 논의)

최근 기업의 평가권 구조이다. 1차 평가자가 사실상 점수부여권과 등급부여권을 가진다. 그리고 2차 평가자는 1차 평가자와 논의하여 평가

등급을 확인 또는 조정하게 된다. 이렇게 평가권을 변화시키게 되면 1차 평가자는 실질적으로 성과관리자로서 역할을 하게 된다. 좀 더 쉽게 표현하자면 평가등급 피드백 시 "박대리 올해 나는 이런 이런 이유로 박대리에게 'B'등급을 부여했어."라는 피드백이 가능해지게 되는 것이다.

그렇다면 쉽게 평가권을 변화시킬 수 있을까? 평가권 변화는 생각보다 쉽지 않다.

먼저 대표이사는 이렇게 이야기한다.(평가권을 팀원에게 위임하는 것이 불안함)

"우리 팀장이 아직 준비가 안 된 것 같습니다. 그리고 1차 평가자에게 권한을 다 주면 임원은 뭐합니까?"

그리고 임원은 이렇게 이야기한다.(평가권을 팀장에게 빼앗긴다고 생각함)

"임원이 팀원 인사평가에 관여해야 하는 것 아닌가요?"

그리고 팀장은 이렇게 이야기한다.(인사평가에 대해서 책임을 지기 싫음)

"임원과 함께 평가하는 것이 더 나을 것 같은데요"

마지막으로 팀원은 이렇게 이야기한다.(팀장이 자의적으로 평가할까봐 두려움)

"팀장님이 너무 많은 권한을 가지게 되는 것 아닌가요?"

결론적으로 대표이사. 임원, 팀장, 팀원 등 모두 반대하는 상황이 발생하게 된다. 그렇기 때문에 평가권의 변화는 매우 어려운 것이다. 그러나 성과관리 관점의 인사평가를 위해서는 반드시 평가권을 1차 평가자에게 위임하는 것이 필요하다. 먼저 왜 평가권의 변화가 필요한 것인가에 대해서 깊은 논의를 시작해야 한다. 그리고 대표이사, 임원, 팀장, 팀원에게 평가권 변화를 통해서 얻을 수 있는 유익에 대해서 충분히 설명한다면 평가권 변화를 이루어 낼 수 있을 것이다.

6 성과평가와 역량평가의 차이

대부분의 기업들은 성과평가와 역량평가를 실시한다. 그리고 성과평가와 역량평가를 비율로 구분한다. 예를 들어 성과평가 50% 역량평가 50% 등 직군별 또는 직책별 다양한 비율을 운영하기도 한다. 여러분은 혹시 성과평가와 역량평가 결과에 대해서 분석해 본 적이 있는가?

실제 인사평가에서는 성과평가와 역량평가의 차이가 크게 발생하는 경우를 종종 보게 된다.

[표 5] 성과평가와 역량평가

구분	성과평가 (50%)	역량평가 (50%)	총점	최종점수 (100점 환산)	평가등급
김대리	90점	50점	140점	70점	C
박대리	70점	100점	170점	85점	B

예를 들어 보자 A사는 성과평가 50%, 역량평가 50%로 구성되어 있다. 김대리는 성과평가는 90점이다. 그런데 역량평가는 50점이다. 총점은 140점이고 최종점수는 70점이다. 결국 C등급을 받게 되었다. 반대로 박대리는 성과평가는 70점이다. 그리고 역량평가는 100점이다. 총점은 170점이고 최종점수는 85점이다. 뭔가 이상하지 않은가? 상식적으로 생각해 볼 때 성과와 역량은 상관관계를 갖는다. 즉, 역량이 높은 경우 성과가 높을 가능성이 높다. 그런데 김대리와 박대리의 성과평가와 역량평

가 점수는 거의 반대로 나타난다.

왜 이런 일이 발생하는 것일까? 평가자가 최종평가 결과를 사실상 결정하고 평가를 했기 때문이다. 즉, 이팀장은 김대리에게 대해서는 낮은 평가를 주기로 마음을 정했다. 그런데 이게 웬일인가? KPI로 평가한 성과평가가 너무 높게 나온 것이다.(90점) 그렇다면 팀장은 역량평가를 낮게 주게 된다.(50점) 왜냐하면 김대리에게는 낮은 평가를 주기로 결정했기 때문이다. 결국 김대리는 최종점수 70점을 받고 'C'등급을 받게 된다. 반대로 이팀장은 박대리에게 높은 평가를 주기로 마음을 정했다. 그런데 성과평가 결과가 생각보다 낮게 나온 것이다.(70점) 그렇다면 역량평가를 높게 주는 방법을 선택하게 된다.(100점) 결국 박대리는 김대리보다 높은 최종점수 85점을 받고 B등급을 받게 되는 것이다.

책을 쓰면서 만들어본 간략한 사례이지만 현장에서는 이와 같은 일들이 매우 빈번하게 발생한다. 다시 설명하자면 평가자는 먼저 내가 줄 평가등급을 먼저 정하고 평가를 하는 경우가 생각보다 많다는 것이다. 여러분도 평가자라면 사실 이러한 유혹을 벗어나기 쉽지 않다. 이러한 상황 속에서 성과평가와 역량평가는 본래의 목적을 완전히 상실하게 된다. 특히, 역량평가에서 문제가 심각하게 발생한다. 성과평가의 경우 업무 과정과 결과를 평가하기 때문에 어느 정도 공정성을 확보하는 것이 가능하다. 그러나 역량평가의 경우 평가자의 자의적인 평가를 막을 방법이 사실상 없는 것이 현실이다. 이러한 특성을 이해한 평가자는 역량평가를 왜곡시켜서 본인이 주고 싶은 평가결과를 만들어 내는 것이다.

기업들은 인사평가의 공정성을 높이기 위해서 역량평가에 많은 노력을 기울였다. 역량모델링 방식이 대표적이다. 먼저 역량을 규명한 후 해당 역량의 척도별 행동을 서술하는 등 매우 정교한 방법론을 적용하였다. 그러나 실제 결과는 어떠했는가? 매우 처참했다. 아무리 정교한 역량척도를 제시하더라고 평가자는 자신의 마음대로 자의적으로 평가했다. 이러한 상황 속에서도 평가권이 평가자에게 부여되어 있기 때문에 제재하는 것은 사실상 불가능했다. 결론적으로 역량평가는 불공정한 인사평가의 대명사로 남게 된 것이다. 사실 필자도 컨설팅 과정에서 역량평가의 공정성을 높이기 위해서 역량척도 정교화, 평가자 교육 등 다양한 시도를 하였지만 성공하지 못했다.

그렇다면 어떤 대안이 가능할까? 필자는 인사평가는 성과평가 중심으로 이루어져야 한다고 생각한다. 물론 성과평가는 성과관리 관점의 성과평가이어야 한다. 그리고 역량평가는 평가관점보다는 개발관점으로 접근하는 것이 바람직하다고 본다. 역량을 공정하게 평가하는 것이 어려울 뿐만 아니라 역량은 개발하는 것이 더 중요하기 때문이다. 역량개발계획을 수립하고 역량을 꾸준히 개발하도록 촉진하는 것이다. 역량개발을 통해 역량이 향상된 직원에게는 상위직무를 수행할 수 있는 기회를 주는 것이 필요하다. 그리고 역량은 가급적 한명의 의견으로 진단하기보다는 동료의 의견을 묻는 다면평가 방식으로 접근하는 것이 바람직하다. 정리하자면 인사평가를 '성과평가'와 '역량개발'이라는 두 개의 축으로 구성하는 것이다.(예 : 성과평가 - 100점, 역량진단 - 다면진단) 이와 같은 변화를 통해 역량평가의 공정성 문제를 해소함과 동시에 역량개발이라는 열매를 함께 만나게 될 것이다.

7 평가 피드백 애로

평가자가 가장 어려워하는 것은 평가 피드백이다. 인사평가 교과서에는 모두 '인사평가 결과를 본인에게 피드백해 주어야 한다'라고 쓰여 있다. 맞는 말이다. 평가가 의미 있기 위해서는 당연히 평가 피드백을 해야 한다. 그러나 평가 피드백은 생각보다 쉽지 않다. 평가 피드백을 인사팀이 하는 경우도 있고 리더가 하는 경우도 있다. 인사팀이 하던 리더가 하던 평가 피드백은 부담되는 업무이다. 사실 우리나라 기업 중에 인사평가 결과를 피드백하는 기업은 많지 않은 것이 현실이다. 그렇다면 평가 피드백은 왜 어려운 것일까? 그리고 당연히 해야 하는 평가 피드백을 왜 하지 않는 것일까? 그 이유에 대해서 살펴보자.

첫 번째 목표설정을 하지 않기 때문이다.

평가를 위해서는 기준점이 존재해야 한다. 그런데 대부분의 기업은 목표를 설정하지 않고 일한다. 그냥 열심히 일하는 것이다. 그렇다면 평가시점에서 피평가자는 어떤 생각을 하게 될까? 열심히 일했기 때문에 당연히 높은 평가를 기대할 것이다. 그러나 평가자의 생각은 다르다. 무엇인가 마음에 들지 않는 점이 있다. 따라서 평가자는 평가자의 생각대로 평가를 하게 된다. 이렇게 나온 평가 결과를 피드백 하는 것은 평가자 입장에서 매우 곤혹스런 일이 되는 것이다. 반면에 목표설정을 하게 되면 어떻게 될까? '무엇을 할 것인가?'를 결정하고 일을 시작한다. '무엇을 할 것인가?'를 결정하고 일을 하게 되니 그 결과에 대한 의견, 즉 평가 결과를 피드백하는 것이 좀 더 쉬울 수 있다. 물론 목표설정을 하는 것이 평가 피드백 문제를 모두 해소할 수 있다는 것은 아니다. 결국 목표설정을 하지 않는 기업과 목표설정을 한 기업은 평가공정성에서 큰 차이가 생기게 되는 것이다. 인사평가의 전체 과정을 생각하면 좀 더 이해가 쉬울 것 같다. 광의의 인사평가는 '목표설정-수시코칭-최종평가'의 과정으로 진행된다. 따라서 평가 피드백을 위해서는 당연히 목표수립이 전제되어야 하는 것이다.

두 번째 평가권의 문제이다.

앞서 살펴본 바와 같이 우리나라 기업의 경우 평가권을 다단계로 구성한다. 예를 들면 '1차 평가 60%, 2차 평가 40%'로 평가권을 구성하는 것이다. 이런 평가권 구조하에서 1차 평가자에게 평가 피드백을 하라고 하면 어떤 일이 벌어질까? 1차 평가자는 평가 피드백을 하고 싶은 마음이 들지 않는다. 왜냐하면 '나는 전체 권한이 아니라 일부 권한만을 가지고 있기 때문에 나에게 결정권이 없었어'라고 생각한다. 나아가 '내가 결정하지 않은 평가 결과를 내가 왜 피드백을 하지?'라는 생각이 들게 된다. 즉, 1차 평가자는 평가결과에 대해서 책임을 지고 전달하려고 하지 않는 것이다. 또한 이러한 생각은 평가 결과에 대해서 면피하려는 생각으로 확대된다. 더 쉽게 표현하자면 '나는 잘 줬는데 왜 이런 결과가 나왔지? 나를 원망하지 마'라고 말하고 싶은 것이다. 따라서 평가 피드백이 정상적으로 이루어지기 위해서는 1차 평가자에게 실질적인 평가권을 부여하는 것이 매우 중요하다. 1차 평가자가 성과관리를 시행하고 그

결과를 피평가자에게 전달하는 방식이 반드시 필요하다고 볼 수 있다.

세 번째 평가등급 결정과정의 복잡성이다.

많은 기업들은 평가등급 결정시 통계적 보정을 시행한다. 통계적 보정의 대표적인 방식은 '평균조정'과 '표준편차조정'이다. 즉, 평균과 표준편차를 일치시킴으로써 통계적 오류를 예방하고 평가의 공정성을 제고하는 것이다. 그러나 실제 현장의 모습을 어떨까? 여러분은 아마 평균조정과 표준편차조정이라는 단어를 들었을 때 매우 어렵다고 생각했을 것이다. 통계라는 것은 모두에게 어려운 내용임에 틀림없다. 따라서 오히려 통계적 보정은 평가 결과에 대한 이해도를 떨어뜨리는 현상을 만들게 되는 것이다. 통계적 보정 시 인사팀 김대리와 박팀장과의 대화이다.

김대리 : 팀장님 평가 결과 나왔어요. 그리고 다음 주까지 팀원들에게 평가 피드백을 해 주세요.

박팀장 : 평가 피드백? 그거 안하면 안 되나? 평가 피드백하면 항상 시끄러워지더라고

김대리 : 무슨 말씀이세요? 팀장님, 평가는 당연히 피드백을 해야죠. 그리고 팀장님, 이번에는 그 유명한 통계적 보정을 했으니까 걱정하지 마세요.

박팀장 : 통계적 보정이 뭐야?

김대리 : 혹시 평균조정 그리고 표준편차조정 모르세요?

박팀장 : 평균, 표준편차, 그게 고등학교 때 배웠던 거 아니야?*(기억이 가물가물하다)*

김대리 : 잘 아시네요. 평균, 표준편차를 조정해서 평가를 공정하게 만드는 거예요.

박팀장 : 그래, 그럼 좀 자세히 설명해 줄 수 있어?

김대리 : 팀장님, 통계적인 거라서 제가 설명드리기 어려워요. 전산 시스템으로 하는 거예요.*(사실 인사팀 김대리도 평균조정, 표준편차조정을 정확히 이해하지 못하고 있다)*

박팀장 : 그래? 일단 알았어.*(박팀장의 어깨가 축 늘어진다)*

상기 대화와 같이 통계적 보정이라는 것은 평가 결과를 공정하게 만들기 위해서 하는 절차지만 여러 가지 부작용도 발생시키고 있다. 특히, 평가 피드백 시 평가가 결정되는 과정을 오히려 이해하기 어렵게 만드는 것이다. 따라서 우리는 이제 통계적 보정이라는 방식이 필요하지 않는 평가 제도를 설계하는 것이 필요하다.(통계적 보정이 필요하지 않은 평가방법에 대해서는 추후 자세히 설명할 예정이다.)

평가 피드백은 분명 어려운 일이다. 그러나 인사평가의 의미를 찾기 위해서는 평가 피드백은 반드시 필요하다. 평가 피드백을 어렵게 하는 요소를 최소화 한다면 평가 피드백은 좀 더 쉽고 의미 있는 활동으로 변화될 것이다.

성과책임
리더십
역량관리
저자문화

제2부

HOW 인사평가 트랜스포메이션

Chapter III

첫 번째 솔루션

성과책임(Accountability)에서 출발해라

1 성과책임이란 무엇인가?

인사관리에 가장 중요한 것은 무엇일까? 직무분석, 인사평가, 보상관리, 경력개발 등 여러 가지 의견이 있을 수 있다. 그러나 이 모든 것보다 훨씬 중요한 한 가지가 있다. 바로 성과책임(accountability)이다.

강의실을 떠 올려보자. 강의가 끝나고 나면 청소를 하는 미화직원이 청소를 하신다. 그런데 재미있는 것은 미화직원이 두 타입으로 나누어진다는 것이다. 제대로 청소를 하시는 분과 대충 하시는 분으로 구분된다. 그렇다면 제대로 청소를 하시는 분과 대화를 나누어 보자

필자 : 안녕하세요?
미화직원 : 네 안녕하세요?
필자 : 한 가지 좀 여쭤 봐도 될까요?
미화직원 : 네 물어보세요. 뭐가 궁금하신가요?
필자 : 네 간단한 질문 하나 드릴게요. 선생님은 무슨 일을 하세요?
미화직원 : *(단 1초의 망설임도 없이)* 네 저요? 저 청소하는 사람이잖아요
필자 : 네 그렇죠. 맞죠. 청소하는 분이시죠. 그럼 그 청소 왜 하세요?
미화직원 : 네 청소를 왜 하냐고요? 왜 하긴요? 먹고 살려고 하죠. 저 이래봬도 이 일로 애들 대학까지 다 보냈어요.
필자 : 네 맞죠. ㅎㅎ 먹고 살려고 일하시죠. 모든 일은 생계를 위한 것이죠. 그런데요. 다시 한 번만 생각해 보세요. 먹고 사는 것 말고. 왜 청소를 하세요?
미회직원 : *(잠깐, 천장을 바라본다. 약 3초가 흐른다)* 아하, 여기 강의장 깨끗하게 하려고 하는 거죠, 청소를 왜 하긴 왜 해요.

그림 11 업무 vs 성과책임(1)

업무

청소를 한다

Vs.

깨끗하게 한다

성과책임

바로 이것이다. '청소를 한다'와 '깨끗하게 한다'가 서로 만나게 된다. '청소를 한다'는 업무이다. 그리고 '깨끗하게 한다'가 성과책임인 것이다. 모든 업무는 이와 같이 표현될 수 있다.

성과책임은 매우 쉬운 개념이다. '청소'는 '깨끗하게 한다'라는 성과책임을 갖는다는 것을 기억하면 된다.

또 하나의 사례를 들어보자. 이번에는 택시기사 사례이다. 필자는 전국에 강의를 다니기 때문에 택시를 자주 타게 된다. 그런데 아주 가끔 '안녕하세요?'라고 인사를 하는 기사분을 만나게 된다. 그럼 갑자기 궁금증이 몰려 온다. '이 기사님은 왜 나한테 인사를 하지?, 여기 CCTV가 있나?(당연히 CCTV는 없다) 내가 택시비를 더 드릴 것도 아닌데… 기사분과 대화를 시작한다.

기사님 : 안녕하세요?*(반갑게 맞이해 준다)*
필자 : 안녕하세요? 기사님 저 뭐 좀 여쭤 봐도 될까요?
기사님 : 네 물어보세요. 뭐가 궁금하신가요?
필자 : 기사님은 어떤 일을 하세요?
기사님 : *(단 1초의 망설임도 없이)* 저요? 운전하잖아요, 뭐 그런걸 물어요.
필자 : 네 그러시죠, 운전하시죠. 그럼 그 운전 왜 하세요?
기사님 : 운전을 왜 하냐고요? 돈 벌려고 하지 왜 하긴 왜 해요. 참 이상한 질문하시네. 제가 운전경력 30년인데 이걸로 우리 다섯 식구 다 먹고 살아요.
필자 : 네 맞죠 ㅎㅎ 돈 벌려고 하죠, 그런데요. 다시 한 번만 생각해 보세요. 돈 버는 거 말고. 왜 기사님은 운전을 하세요?
미회직원 : *(잠깐, 택시 천정을 바라본다. 약 3초가 흐른다)* 아하, 손님을 목적지까지 편안하게 모셔다 드리려고 하는 거죠.

그림 12 업무 vs 성과책임(2)

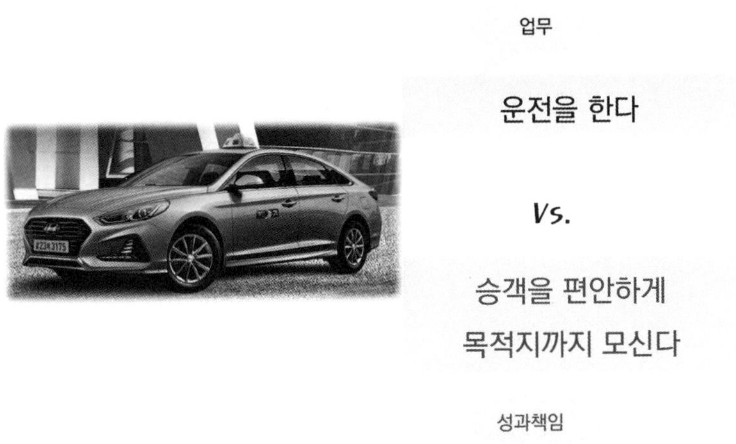

그렇다. 그 기사님은 '승객을 편안하게 모셔다 드린다'라는 성과책임을 인식하고 있기 때문에 승객에게 인사를 하는 것이다. 인사를 하면 승객이 좀 더 편안해 질 것이기 때문에 누가 시키지 않아도 인사를 하게 된다.

이것이 바로 성과책임(accountability)이다. 인사관리에서 가장 중요한 것은 다름 아닌 성과책임인 것이다. 성과책임은 사실상 일의 목적을 의미하기 때문에 인사관리의 모든 문제를 푸는 가장 중요한 열쇠가 된다.

지금까지 성과책임의 개념에 대해서 쉬운 사례를 통해서 살펴보았다. 그럼 이제부터 왜 인사관리에서 가장 중요한 것이 성과책임인지에 대해서 아주 자세하게 살펴보자.

2 성과책임의 개념(1)

성과책임(Accountability)의 개념을 이해해 보자. 사실 필자는 성과책임을 인사업무 경력 20년차에 정확하게 이해했다. 물론 인사업무를 하면서 성과책임이라는 단어를 들어본 적이 있었다. 그러나 성과책임이 마음에 와 닿지 않았다. 그런데 어느 날 갑자기 마음속에 성과책임이 강력하게 들어온 것이다. 혹시 좋은 책을 두 번 읽어본 적이 있는가? 너무 좋은 책을 만나게 되면 읽은 후에 책꽂이에 꽂아 둔다. 그리고 한참 시간이 지난 후에 다시 읽는 경우가 있다. 두 번째 읽을 때 '어 이런 내용이 있었나? 내가 첫 번째 읽을 때 왜 이 내용을 못 봤지?'라고 생각하는 경험을 한 적이 있을 것이다. 왜 이런 일이 발생할까? 첫 번째 읽을 때의 나의 경험, 지식, 마음 상태가 그 내용을 받아들이지 못한 것이다. 그런 경우 내용은 활자에 불과하다. 마음에 와 닿지 않는다. 그런데 시간이 흐르고 나의 경험, 지식, 마음 상태가 변화된다. 이제야 비로소 그 내용이 마음에 와 닿게 되는 것이다. 성과책임은 필자에게 그런 경험이었다. 사실 인사관리 교과서에 성과책임이 언급된 책이 몇 권 있다. 그런데 그 당시 필자는 그 책을 보았지만 성과책임을 이해하지 못하고 넘어간 것이다. 그리고 인사업무를 정말 깊게 고민하던 어느 날 성과책임이 인사관리의 핵심이라는 것을 이해하게 된 것이다. 필자는 그 날을 아직도 잊을 수 없다. 펄쩍 펄쩍 뛰면서 '바로 이거였어, 바로 이거였단 말이야!'라고 혼자서 정신 나간 사람처럼 소리를 질렀다. 성과책임이 인사관리의 모든 영역을 관통하는 핵심 개념이라는 것을 확신했기 때문이다.

성과책임(accountability)이란 '해당 업무가 성과를 창출한 책임'을 말한다. 너무 쉬운 정의이다. 다시 말해 모든 업무는 성과책임을 갖는다. 앞의 사례에서 제대로 청소를 하신 미화직원은 청소의 성과책임이 '깨끗하게 한다'라는 것을 정확히 이해하고 있는 분이다. 성과책임은 '해당 업무를 수행하는 이유'라고 생각하면 쉽게 이해할 수 있다. 따라서 성과책임을 도출하기 위해서는 '무슨 일을 하세요?'라고 질문하기보다 '그 일을 왜 하세요?'라고 질문하는 것이 필요하다. 나아가 성과책임을 통해서 일의 목적을 찾을 수 있다.

성과책임을 영어로 표현할 경우 일반적으로 'accountability'를 사용하지만, 실제로는 'performance accountability'의 의미를 담고 있는 것으로 보아야 한다. 'accountability'는 책임 또는 책무를 의미하기 때문에 개념의 혼선이 발생할 수 있다.

그림 13 성과책임 정의

성과책임
(accountability)

해당 업무가 성과를 창출할 책임

※ 성과란 매출, 이익 등에 국한되지 않으며 "조직의 존재목적에 부합하는 결과물"을 의미함

필자는 성과책임의 개념을 이해한 후에 기쁨과 함께 묘한 감정이 들었다. 내가 근무했던 회사에게 너무 미안한 마음이 드는 것이다. 나는 인사담당으로 거의 10년 가까이 일하면서 성과책임의 개념도 이해하지 못하고 인사관리 업무를 했던 것이다. 내가 만약 한화갤러리아에서 일할 때 성과책임을 이해했다면 어땠을까? 완전히 다른 인사담당자가 되었을 것이다. 그리고 한화갤러리아는 훨씬 더 건강한 회사가 되고 나아가 높은 성과를 달성했을 것이다. 그러나 나는 성과책임을 이해하지 못했고 직원들을 지시하고 통제하려고만 했다. 너무 부끄러워 정말 쥐구멍을 찾고 싶었다. 혹시 이 책을 읽고 계시는 독자분이 인사경력 20년차가 아직 안됐다면 필자보다 빨리 성과책임을 이해하는 것이다. 더욱 기뻐해도 좋을 듯하다.

성과책임의 개념을 쉬운 사례를 통해서 다시 한번 이해해 보자.

필자의 지인이 경험한 사례이다. 아빠가 초등학교 1학년 아들과 함께 돈까스를 먹으러 갔다. 두툼한 등심 돈까스가 아주 맛있는 집이었다. 돈까스가 나와서 칼로 돈까스를 썰었다. 그런데 이게 웬일인가? 돈까스 고기를 보니 가운데가 뻘겋게 덜익은 상태였던 것이다. 뻘겋게 덜익은 돈까스를 초등학교 1학년 아들에게 먹일 수는 없는 일 아닌가? 아빠는 손을 들었다. '여기요~' 아빠와 종업원의 대화내용이다.

아빠 : 이거 좀 덜익은 거 같은데요?
종업원 : 네?
아빠 : *(돈까스 고기를 보여주며)* 보시다시피 고기 가운데가 덜 익었어요. 다시 좀 익혀주시겠어요?
종업원 : *(일단 빤히 처다본다)* 네. 잠시만요.*(주방으로 이동한다)*

(잠시 후에 주방에서 다시 온다) 이거 타이머로 돌린거라는데요.

아빠 : 네? *(어이가 없어 잠시 침묵이 흐른다)* 타이머로 돌린거는 알겠는데요.. 다시 한번 보세요, 고기가 덜 익었잖아요?

종업원 : 이거 타이머로 7분 30초 정확하게 돌린거라고요..

아빠 : *(더 이상 할 말을 잃고)* 아니 타이머는 잘 모르겠고요. 고기가 덜 익었다고요. 고기가...

참으로 재미있는 사례이다. 아빠는 분명히 '돈까스 고기가 덜 읽었다'라고 이야기하고 하고 있다. 그런데 식당 종업원은 '타이머로 7분 30초를 돌렸다'라고 이야기 한다. 도대체 무슨 일이 벌어지고 있는 것인가? 고객은 '돈가스 고기가 덜 익었다'라고 이야기하는데, 종업원은 우리는 조리 매뉴얼에 나와 있는대로 '이거 타이머로 7분 30초 정확이 돌린 겁니다'라고 말하고 있다. 혹시 주방장이 그렇게 전하라고 말했을지 모른다. '타이머로 7분 30초 돌린다'는 업무이다. 그렇다면 왜 타이머로 7분 30초를 돌리는가? 고기를 적정하게 익히기 위해서이다. 이것이 바로 성과책임이다. 고객은 성과책임이 달성되지 않은 것을 이이야기하고 있는데 직원은 업무를 했다고 주장하고 있는 것이다. 참으로 안타까운 일이 아닐 수 없다.

이와 같이 성과책임은 우리 삶의 현장에서 너무나 쉽게 볼 수 있다. 우리는 성과책임의 개념을 명확히 이해해야 한다. 성과책임은 우리의 일터뿐만 아니라 우리의 삶을 더욱 건강하게 변화시켜 줄 것이다.

3 성과책임과 영향력

성과책임은 인사관리의 기반이 되기 때문에 모든 인사관리 활동과 연계성을 갖는다. 먼저 성과책임과 리더십의 관계를 미화직원의 사례를 통해서 살펴보자. 미화직원의 업무는 '청소를 한다'이다. 그리고 성과책임은 '깨끗하게 한다'이다.

미화직원의 팀장이 있다고 가정해 보자. 첫 번째 타입의 팀장은 업무를 묻는 팀장이다.(A팀장 이라고 하자) A팀장과 미화직원의 대화이다. 미화직원이 업무를 대충한 상황으로 가정한다.

A팀장 : 101호 강의장 청소 다 했나요?
미화직원 : 네, 청소 다 했는데요.*(당연히 청소를 다했기 때문에 '네'라고 대답한다)*
A팀장 : 그럼 함께 가 보시죠.*(상사와 직원이 함께 101호 강의장으로 이동한다. 그리고 상사는 의자 밑에 먼지가 많은 것을 발견한다)*
A팀장 : *(화가 난 목소리로)* 이게 청소한 겁니까?
직원 : 네? 청소를 했죠, 제가 왜 청소를 안했다고 하시죠?
A팀장 : 아니 이렇게 의자 밑에 먼지가 잔뜩 있는데 이게 청소를 한 거라고요?
직원 : 팀장님, 팀장님이 한번 해보세요. 의자 밑에는 청소기가 안들어 간다 말이에요. 왜 저한테만 뭐라고 하세요.*(A팀장과 직원 사이에 심각한 갈등이 발생할 가능성이 있다)*

A팀장은 업무를 묻는다. 아쉽게도 업무를 묻는 경우 직원과 갈등이

발생할 가능성이 높다.

두 번째 타입의 팀장은 성과책임을 묻는 팀장이다.(B팀장이라고 하자) B팀장과 미화직원의 대화이다. 이번에도 미화직원이 업무를 대충한 상황으로 가정한다.

B팀장 : 101호 강의장 깨끗한가요?

미화직원 : *(약간 머뭇거린다)* 네, 깨끗한 것 같은데요.*(깨끗하지 않기 때문에 목소리에 자신감이 없다)*

B팀장 : 그럼 함께 가 보시죠.*(상사와 직원이 함께 101호 강의장으로 이동한다. 그리고 상사는 의자 밑에 먼지가 많은 것을 발견한다) (차분한 목소리로)* 제가 보기에는 깨끗하지 않은 것 같은데요

미화직원 : 네 그러네요. 먼지가 좀 있네요.

B팀장 : 의자 밑이 청소하기가 좀 어려우시죠? *(도와주려는 마음을 표시한다)*

미화직원 : 네. 팀장님 의자 밑에는 청소기가 안들어가요. 저희는 봉 같은 모양의 청소도구는 없나요? *(도움을 요청한다)*

B팀장 : 아하 봉 같은 모양이요. 그게 있으면 의자 밑 구석구석까지 먼지를 제거할 수 있겠네요. 제가 총무팀에 요청해 볼게요.*(B팀장과 미화직원은 성과책임을 달성하기 위한 대안을 고민한다.)*

B팀장은 성과책임을 묻는다. 물론 성과책임을 묻는다고 해서 갈등이 아주 생기지 않는 것은 아니다. 그러나 업무를 묻는 리더보다 갈등이 생길 가능성이 낮다. 나아가 리더와 업무수행자는 성과책임을 달성하기 위한 대안을 논의하는 바람직한 모습을 기대할 수 있는 것이다.

리더십의 핵심은 바로 성과책임을 이해하는 것이다. 성과책임을 이해한 리더와 그렇지 않은 리더는 엄청난 차이를 보이게 된다. 부끄럽게

도 필자는 직장생활 동안 성과책임을 이해하지 못한 리더였다. 그래서 구성원을 통제하려고 했고 결국 빈번한 갈등을 일으켰던 것이다. 함께 일했던 구성원에게 정말 미안한 마음을 전하고 싶다.

이번에는 성과책임과 구성원의 행동변화이다.

택시기사의 사례를 들어보자. 만약 여러분이 택시회사 사장님이라고 가정해 보자. 택시기사분들이 승객에게 인사를 하도록 만들고 싶다. 여러분은 어떻게 하겠는가? 쉽지 않다. 택시에 CCTV를 달을 수도 없고 계속 따라다니며 체크할 수도 없다.

두 택시회사가 있다고 가정해 보자. 첫 번째 택시회사의 사장은 이런 선택을 한다.(A사장이라고 하자)

A사장 : 자~ 일하러 가기 전에 여기 모이세요.*(기사분들이 웅성거린다. '왜 일나가기 전에 모이라고 하는거야?', 나 참 빨리 나가서 한 푼이라도 벌어야 하는데…)*

A사장 : 여러분 오늘부터 승객이 탑승하면 인사를 하는 겁니다. 알겠습니까?

기사님들 : 네.*(작은소리로 억지로 대답한다)*

A사장 : 자 모두 2줄로 서세요. 그리고 좌우향우, 마주 봅니다.

기사님들 : *(마지 못해 움직이며 작은 소리로)* 이거 뭐야? 왜 그러는 거야?

A사장 : 맨 앞에 박기사님 큰 소리로 '안녕하세요?'라고 하세요. 그러면 모두 따라서 큰 소리로 외칩니다. 자 10회 실시

박기사 : 안녕하세요?

기사님들 : *(억지로)* 안녕하세요? *(이렇게 10번을 반복한다. 기사분들의 얼굴이 일그러진다.)*

A사장 : 오늘부터 인사하는 겁니다. 알겠죠?

기사님들 : *(작은 목소리로)* 내가 인사를 하나 봐라, 절대 안한다! 안해!

이 사례를 보면서 어떤 생각을 했는가? 직원의 행동을 변화시키는 것은 정말 어려운 일이다. 많은 리더들이 강압적인 방식으로 직원의 행동을 변화시키려고 한다. 그러나 대부분 실패하고 만다. 왜냐하면 직원들은 스스로 하고 싶은 마음이 생긴 경우에만 행동을 변화시키기 때문이다.

두 번째 택시회사의 사장은 좀 다른 선택을 한다.(B사장이라고 하자)

B사장 : 자~ 일하러 가기 전에 여기 모이세요.*(기사분들이 웅성거린다. '왜 일나가기 전에 모이라고 하는거야?' 나 참 빨리 나가서 한 푼이라도 벌어야 하는데…)*

B사장 : 여러분 제가 오늘 한 가지 말씀 좀 드리겠습니다. 저희 모두 운전하는 사람들입니다. 우리가 운전을 왜 하나요? *(직원들이 조용하다. 아무도 이야기 하지 않는다)*

기사님들 : *(작은 목소리로 한두 명이 대답한다)* 먹고 살려고 하죠.

B사장 : 그렇죠, 먹고 살려고 하죠. 맞습니다. 그런데 그것만 있나요? 저는 고객을 편안하게 목적지까지 모시기 위해서 일한다고 생각합니다. 그래서 우리의 일은 의미가 있다고 생각합니다.

기사님들 : *(작은 목소리로 한두 명이 대답한다)* 그렇긴 그렇지. 맞는 말이긴 해.

B사장 : 그래서 오늘 부탁 한 말씀 드리겠습니다. 오늘부터 승객이 타면 '안녕하세요?'라고 인사를 한번 해 주세요. 그러면 승객이 좀 편안하지 않겠습니까?

기사님들 : *(대부분의 사람들은 아무런 반응이 없다. 그런데 일부 기사님들이 이렇게 마음을 먹는다)* 그래 맞는 말이긴 해. 인사한다고 돈 드는 것도 아닌데 오늘부터 인사 한번 해볼까?

자 B사장님은 성과책임을 이야기한다. 물론 모든 사람이 성과책임을 받아들이지 않는다. 그런데 일부 기사님이 성과책임을 이해하고 받아들인다. 조직의 변화는 이렇게 시작되는 것이다.

지금까지 성과책임이 과연 어떻게 조직내에서 작동하는지 살펴봤다. 성과책임을 통해서 진정한 조직변화를 이룰 수 있다. 그래서 우리는 성과책임에 도전해야 할 충분한 이유가 있는 것이다.

4 성과책임의 개념(2)

성과책임의 개념에 대해서 좀 더 깊이 있게 살펴보자. 성과책임이란 '해당 업무가 성과를 창출할 책임'을 말한다. 성과책임은 일은 하는 이유이다. 즉, 일의 목적을 의미하는 것이다. 그렇다면 성과책임을 어떻게 표현하는 것이 가장 좋을까? 성과책임은 성과와 책임의 합성어이다. 따라서 성과와 책임의 의미를 모두 담아내야 한다. 그래서 성과책임의 표현은 성과영역과 방향성으로 구성된다.(성과영역+방향성)

[표 6] 성과책임의 개념

업무	세부 업무	성과책임
강의실 청소	• 강의실을 진공청소기로 청소한다. • 책상 및 거울을 청소한다. • 바닥을 마대 걸레로 닦는다.	• 강의실 청결도(성과영역)를 유지한다.(방향성)

강의실 청소를 예로 들어보자. '강의실 청소'라는 업무는 '강의실을 진공청소기로 청소한다, 책상 및 거울을 청소한다, 바닥을 마대 걸레로 닦는다'라는 세부 업무로 구성된다. 그렇다면 이러한 업무가 갖는 성과책임은 무엇일까? '강의실의 청결도를 유지한다'이다. 즉, '강의실의 청결도'라는 '성과영역'과 '유지한다'라는 '방향성'으로 표현될 수 있는 것이다. 물론 '강의실을 깨끗하게 한다'라고 표현해도 상관은 없다. '강의

실을 깨끗하게 한다'는 성과영역의 측면을 강조한 표현으로 볼 수 있을 것이다. 따라서 인사관리 관점에서 볼 때 성과영역과 방향성을 모두 담아내는 '강의실의 청결도를 유지한다'라는 표현이 성과책임으로서 바람직하다고 보는 것이다. 사실 이 점에서 실무적인 어려움이 생긴다. '강의실을 깨끗하게 한다'는 쉽게 다가오지만 '강의실의 청결도를 유지한다'는 뭔지 모르게 어색하고 어렵게 느껴지는 것이다. 필자도 성과책임 코치로 일하면서 성과책임 표현은 매우 어려운 영역 중 하나이다. 따라서 성과책임이 익숙하지 않은 단계에서는 가능한한 성과책임을 쉽게 표현하는 것이 바람직하다. 그리고 성과책임에 대한 이해도가 높아지면서 성과책임을 정확하게 표현(성과영역+방향성)하도록 훈련하는 것을 권하고 싶다.

성과책임의 개념을 이해하면서 가장 많이 경험하는 실수는 성과책임과 업무와의 혼돈이다. 성과책임을 적어보라고 하면 대부분 업무를 적어온다. 이 경우 쉽게 성과책임과 업무를 구분할 수 있는 방안을 소개한다.

그림 14 성과책임과 업무가 혼돈될 경우

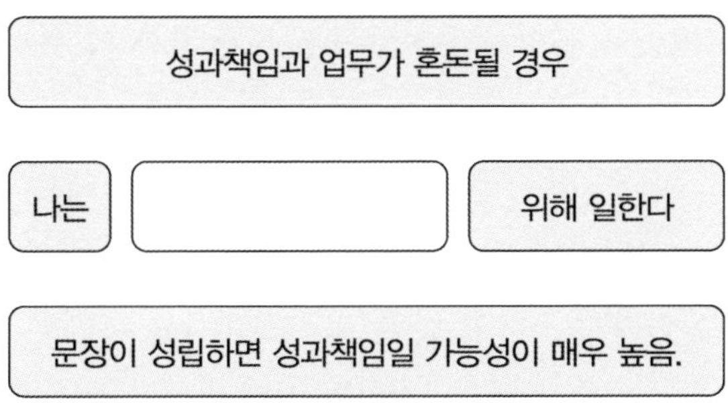

"나는 ________________을 위해 일한다"라는 문장을 만들어 보는 것이다. 그리고 본인이 생각한 성과책임을 빈 공란안에 넣어 보면 된다. 예를 들어보자. '청소'의 성과책임은 '강의실을 깨끗하게 한다'이다. 먼저 업무를 넣어보자. "나는 청소를 위해 일한다" 말이 되지 않는다. 내가 왜 청소를 위해 일하는가? 이번에는 성과책임을 넣어보자 "나는 강의실을 깨끗하게 하기 위해 일한다." 문장이 성립한다. 왜 이런 결과가 나올까? 성과책임은 일의 목적을 의미하기 때문이다. 업무와 성과책임이 헷갈릴 때는 "나는 ________________을 위해 일한다"라는 문장을 활용해 보면 좋을 것 같다.

성과책임의 개념에서 가장 중요한 것은 무엇일까? 바로 성과를 정의하는 것이다. '과연 해당 업무의 성과는 무엇인가?'라는 질문에 답해야 한다. 경영학의 아버지라 불리우는 피터 드러커 박사는 성과와 관련하여 이런 이야기를 했다. 성과를 정의하는 것은 '가장 어렵고 논란거리가 된다'라고 말했다. 정말 마음에 크게 와 닿는 이야기이다.

A영업팀의 예를 들어보자. 영업팀장 1명과 영업팀원 5명으로 구성되어 있다. 영업팀의 성과책임을 "매출을 향상시킨다"라고 정했다. 영업팀이기 때문에 '매출을 향상시킨다'는 충분히 동의가 되는 성과책임이다. A영업팀은 올해 매출목표를 120% 달성했다. 그럼 당연히 성과책임을 달성한 것으로 볼 수 있다. 그러나 A영업팀은 다음해 매출이 곤두박질쳤다. 왜냐하면 A영업팀의 팀원이 모두 사직했기 때문이다. 영업팀장의 거친 리더십을 견디지 못하고 팀원 모두가 회사를 그만둔 것이다. 유능한 영업인력 없이 매출목표를 달성하는 것은 당연히 불가능하다. 그렇다면 성과책임 관점에서 무슨 문제가 있었을까? 영업팀의 성과책임에 '매

출을 향상시킨다' 뿐만 아니라 '영업인력을 육성한다'가 포함되어 있었다면 어떤 결과가 나왔을까?

영업팀의 성과책임을 '매출을 향상시킨다'만으로 규명하였을 경우 A영업팀장은 '나는 매출을 달성했기 때문에 내 할 일을 다했어. 팀원들이 모두 그만둔 것은 나와 상관없어'라고 생각했을 가능성이 높다. 즉, 영업인력이 모두 그만둔 것에 대해서 아무런 문제인식을 갖지 않는 황당한 상황이 발생한다. 그러나 영업팀의 성과책임을 '매출을 향상시킨다'와 함께 '영업인력을 육성한다'라고 규명했더라면 어떠했을까? A영업팀장은 영업팀원이 모두 그만두는 상황에 대해 문제의식 없이 그냥 바라보고 있지만은 않았을 것이다. 영업인력을 안정시키고 나아가 육성하기 위한 다양한 방안을 고민하였을 것이다. 이와 같이 해당 업무의 성과를 정의하는 것은 매우 중요한 일이다. 따라서 성과책임을 어떤 방식으로 규명할 것인가에 대한 깊이 있는 고민이 필요하다.

5 성과책임 규명

성과책임을 규명하기 위해서는 많은 노력이 필요하다. 먼저 구성원이 '왜 성과책임을 규명해야 하는가?'에 대한 공감대가 필요하다. 만약 조직에서 성과책임에 대한 공감대가 형성되지 않은 상태라면 성과책임 규명은 매우 형식적으로 이루어질 가능성이 높다. 따라서 인사팀 또는 HR TFT는 설명회 등을 통해서 성과책임이 무엇이며 우리조직에게 성과책임이 왜 필요한가에 대해서 충분히 알려야 한다. 이러한 공감대 속에서 성과책임 규명은 시작되어야 한다.

그럼 이제부터 성과책임 규명의 7가지 원칙에 대해서 살펴보자.

첫 번째 직무 전체의 성과책임을 규명하고 이후 주요업무의 성과책임을 규명한다.

직무 전체의 성과책임이란 직무의 목적을 의미한다. 즉, 먼저 직무의 목적을 고민한 후 주요업무의 성과책임을 규명하는 것이다.

인사팀의 사례이다. 인사팀이 인사, 교육, 노무 직무로 구성되어 있다고 가정하자. 먼저 인사팀 전체의 성과책임을 고민해야 한다. '인사팀의 목적은 무엇인가? 인사팀은 왜 존재하는가?'라는 질문을 던져야 한다. 이를 통해 '자발적 동기부여 메커니즘을 구축한다'라는 인사팀 전체의 성과책임을 규명하였다. 이후 인사팀의 주요업무인 인사, 교육, 노무 직무의 성과책임을 규명해 나가는 것이다. 따라서 성과책임은 보통 5~10

개 정도로 나오게 된다. 보통 7개를 권장하는 편이다.

그림 15 성과책임(Accountability)

부서명	성과책임
인사팀	1. 자발적 동기부여 메커니즘을 구축한다.(전체) — 전체 성과책임(목적 개념) 2. 인사관리의 공정성을 높인다(인사) 3. 조직에 적합한 우수인재를 확보한다.(인사) 4. 핵심인재를 육성한다.(교육) 5. 노사간 신뢰를 제고한다.(노무) 6. 인사관리의 노동법적 안정성을 제고한다.(노무) 7. 인사팀 구성원의 역량을 향상시킨다(전체) (2~6 → 주요업무 성과책임)

두 번째 성과책임의 표현은 성과영역과 방향성으로 구성된다.

다시 강의실 청소의 예를 들어보자. '강의실 청소'의 성과책임은 '강의실의 청결도(성과영역)를 유지한다(방향성)'이다. 여기서 '강의실의 청결도'가 성과영역이고 '유지한다'가 방향성이 된다. 가장 중요한 것은 성과영역을 명확히 하는 것이다. 해당 직무의 성과가 무엇인지에 대한 깊이 있는 고민이 반드시 이루어져야 한다. 또한 성과책임은 가급적 단문으로 구성하는 것이 바람직하다. 단문이란 주어 하나 그리고 서술어 하나의 문장을 말한다. 처음으로 성과책임을 규명하는 경우 복문으로 문장을 구성하는 경우가 종종 발생한다. 다시 말해서 '~하고 ~하고 ~한다'라고 성과책임을 규명하는 것이다. 그러나 이와 같이 복문으로 성과책임을 규명하게 되면 문장이 풍성하게 보일 수는 있지만 한 문장 안에 여러 개의 성과책임이 표현되기 때문에 오히려 혼돈이 발생하게 된다.

세 번째 성과책임은 직무수행자의 한계내에서 설정되어야 한다.

간호사의 성과책임을 생각해보자. 간호사가 '환자를 치료한다'라는 성과책임을 규명했다고 가정해 보자. 틀린 것 같지는 않다. 그러나 의사의 성과책임은 무엇인가? 바로 '환자를 치료한다'이다. 그렇다면 간호사는 간호사 직무내에서 성과책임을 규명해야 한다. 그럼 어떤 성과책임이 나올까? '투약행위의 정확성을 높인다' 또는 '수술환자의 돌봄기준을 준수한다' 등이 성과책임으로 규명될 것이다. 성과책임이 직무수행자의 한계를 벗어나게 되면 향후 직무수행자는 해당 성과책임을 자신의 성과책임으로 받아들이지 않게 된다. 최근 필자는 모든 부서의 성과책임에 '매출을 향상시킨다'가 포함된 회사를 만나게 되었다. 영업팀 뿐만 아니라 인사팀, 총무팀, 개발팀, 연구소 등 모든 부서가 '매출을 향상시킨다'라는 성과책임을 갖고 있는 것이다. 물론 경영진이 매출의 중요성을 강조하는 것은 필요할 수 있지만, 부서의 범위와 특성을 고려하지 않은 성과책임은 실제 작동하기 어려울 것이다.

네 번째 하위직무의 성과책임은 상위직무의 성과책임과 연계되어야 한다.

앞서 살펴본 인사팀의 사례로 돌아가 보자. 인사팀이 '자발적 동기부여 메커니즘을 구축한다'라는 성과책임을 규명하였다. 그런데 만약 인사담당이 '통제적 인사제도를 설계한다'라는 성과책임을 규명하면 어떻게 될까? '자발적 동기부여 메커니즘'과 '통제적 인사제도'는 서로 양립하기 어려운 개념이다. 즉, 상위직무와 하위직무의 성과책임은 연계성을 가져야 하는 것이다. 나아가 목표수립 시 조직과 개인의 연계성을 강조하는 것을 생각해보자. 사실 목표수립에 앞서 성과책임이 상위직무와 하위 직무의 연계성을 높인다면 목표수립 시에는 당연히 조직과 개인의 목표가 연계되는 것이라고 볼 수 있다.

다섯 번째 성과책임은 직무의 한 요소로서 인식되어야 한다.

즉, 성과책임은 직무의 아웃풋(output) 개념으로 보아야 한다. 그럼 직무의 구성에 대해서 살펴보자. 직무는 투입(input) - 과정(throughput) - 결과(output)으로 구성된다. 이러한 직무 구성에서 성과책임은 바로 직무의 아웃풋(output)이 되는 것이다. 따라서 성과책임을 규명하는 것은 직무분석 단계에서 이루어져야 한다. 안타깝게도 우리나라 기업이 직무분석 시 성과책임을 규명한 경우는 거의 없는 실정이다. 직무분석 시 업무의 내용을 정리하는 수준으로 이루어지는 것이 보통이다. 향후 직무분석의 개념을 완전히 변화시켜야 한다. 이제 '직무분석이란 성과책임을 규명하는 활동이다'라고 인식해야 한다.

여섯 번째 성과책임은 조직관점에서 규명되어야 한다.

'성과책임이 조직관점에서 규명된다'라는 의미가 무엇일까? 성과책임을 개인에게 맡길 수 있을까? 만약 건강하지 못한 생각을 가지고 있는 사람에게 성과책임을 규명하게 하면 어떤 일이 일어날까? 올바른 성과책임을 규명하기 어려울 것이다. 따라서 성과책임 규명은 개인에게 맡기는 것이 아니라 조직관점에서 접근해야 하는 것이다. 구체적으로 설명하면 성과책임 규명 시 설명회, 공유회, 간담회 등 충분한 논의를 하며 이를 통해 성과책임에 조직의 의견이 반영되도록 해야 한다.

일곱 번째 성과책임을 규명하는 것보다 성과책임을 구성원이 인식하는 것이 훨씬 중요하다.

성과책임의 규명과 성과책임의 인식에 대해서 생각해보자. 미화직원의 사례를 다시 떠 올려보자. 미화직원의 성과책임은 '강의실을 깨끗하게 한다'이다. 그런데 미화직원이 '강의실을 깨끗하게 한다'라는 것을 알고 있는데 마음속으로 성과책임을 받아들이지 않는다면 어떻게 될까? 성과책임은 업무현장에서 작동하지 않을 것이다. '성과책임 조직문화 만들기'에 실패한 기업들이 많다. 왜 실패했을까? 성과책임 규명까지는 성공했지만 성과책임을 인식시키는 것에 실패한 경우가 대부분이다. 성과책임의 규명보다 성과책임의 인식 훨씬 더 중요하고 어려운 일이다. 따라서 성과책임의 규명으로 끝내지 말고 어떻게 성과책임을 구성원이 인식하도록 도울 것인지에 대해서 깊이 고민해야 한다.

〈성과책임 규명의 7가지 원칙〉

- 직무 전체의 성과책임을 규명하고 이후 주요부문의 성과책임을 규명한다. [성과책임은 직무별 5~10개 정도로 도출되어야 한다.(7개 권장)]
- 성과책임의 표현은 성과영역과 방향성으로 구성된다.(단문으로 작성요망)
- 성과책임은 직무수행자의 책임 한계내에서 설정되어야 한다.
- 하위직무의 성과책임은 상위직무의 성과책임과 연계되어야 한다.
- 성과책임은 직무의 한 요소로서 인식되어야 한다.(성과책임은 직무의 output임)
- 성과책임은 조직관점에서 규명되어야 한다.
- 성과책임을 규명하는 것보다 성과책임을 구성원이 인식하는 것이 더욱 중요하다.

6 성과책임 사례 분석

이번에는 응급실 이야기로 성과책임을 설명해 볼까 한다.

여러분은 응급실하면 어떤 생각이 드는가? 나는 응급실에 대한 좋지 않은 기억이 있다. 아이가 어렸을 때 응급실을 간 적이 있다. 아이가 많이 아팠는데 응급진료 절차가 너무 복잡했고 근무하시는 분들도 전혀 서두르지 않았다. 물론 진료를 받기 했지만 장시간 기다린 기억 때문에 나는 응급실에 대한 부정적인 생각을 갖게 되었다.

그림 16 성과책임(Accountability) 사례분석(1)

그럼 과연 응급실 운영과 성과책임은 어떤 관련이 있을까? A응급실에 새로운 응급센터장이 부임했다고 가정해 보자. 새롭게 부임한 센터장은 응급실에 둘러본 후 응급실에 대한 변화를 고민하고 있다. 과연 어떻게 응급실의 변화를 시작해야 할까? 응급실의 변화를 위해서는 근본적인 질문이 필요할 것 같다.

첫 번째 질문 '응급실은 왜 존재하는가?'이다. 물론 환자를 치료하기 위해서 존재한다. 그러나 응급실은 존재목적이 일반병동과 다르다. 따라서 응급실의 존재이유는 '일반환자가 아니라 응급환자를 치료하기 위해서 존재한다'라고 볼 수 있다. 그럼 두 번째 질문으로 이어진다.

두 번째 질문 '그렇다면 응급실의 성과책임은 무엇인가?'이다. 과연 응급실이 성과를 창출한 책임은 무엇일까? 여러 가지가 있을 수 있다. 그러나 가장 중요한 한 가지가 떠오른다. 바로 '환자를 신속하게 진료한다'이다. 그렇다. 응급실이기 때문에 응급환자가 오는 것이고 응급실은 신속하게 진료해야 하는 것이 매우 당연한 일이다.

세 번째 질문 '그런데 현재의 모습은 어떠한가?'이다. 과연 '우리가 환자를 신속하게 진료하고 있는가?'에 대해서 확인해 보아야 한다. 확인해 보니 '평균 대기시간이 30분 이상이다'라고 나온다. 응급환자가 왔는데 30분 이상을 대기한다는 것이 쉽게 이해되지 않는다. 물론 응급실의 사정이 있을 것이다. 의사 인원수, 간호사 인원수, 응급진료 프로세스 등의 문제로 인하여 진료까지 30분 이상의 시간이 소요되고 있다. 응급실은 나름대로 최선을 다하고 있다는 점은 인정하다. 그러나 대기시간이 30분이라는 것은 우리를 깊은 고민에 빠지게 한다.

네 번째 질문 '그렇다면 우리는 무엇을 해야 하는가?'이다. 다시 응급실의 성과책임으로 돌아가 보자. 응급실의 성과책임은 '환자를 신속하게 진료한다'이다. 그런데 우리는 현재 '평균대기시간이 30분 이상이다'라는 상태이다. 그렇다면 당연히 '대기시간을 줄이기 위한 노력을 해야 한다'라는 방향성이 나오게 된다. 이러한 방향성에 이의를 제기할 구성원은 아마 없을 것이다.

다섯 번째 질문 '그렇다면 올해 해야 할 일은 무엇인가?'이다. 대기시간을 줄이기 위한 노력을 해야 한다는 것에 대해서는 응급실 모든 직원이 동의했다. 그렇다면 어떻게 대기시간을 줄일 것인가를 고민해야 한다. 검토 끝에 현재 응급진료 프로세스의 문제점을 발견했다. 현재, A응급실의 응급진료 프로세스는 '접수 → 진료신청서 작성 → 예진 → 진료'로 구성되어 있다. 이러한 다단계 프로세스로 인하여 진료대기시간이 길어진다는 것을 발견하였다. 그렇다면 '응급진료 프로세스를 개선하자'라고 올해 주요업무목표를 정할 수 있을 것이다.

그리고 멋진 변화가 일어난다. 현재 응급진료 프로세스는 과거 관행에 따라서 '접수(1단계) → 진료신청서 작성(2단계) → 예진(3단계) → 진료(4단계)'로 구성된 것이다. 다시 설명하자면 환자가 응급실에 도착하면 먼저 접수처에 접수를 한다.(1단계) 그리고 어디가 아픈지 진료신청서를 작성한다.(2단계) 이후 간호사가 열체크 등을 통해 예진을 한다.(3단계) 그리고 응급실 의사가 진료를 하는 것이다.(4단계) 가만히 2단계 진료신청서 작성에 대해서 생각해보자. 응급환자와 보호자는 매우 긴장된 상태이다. 접수 후 진료신청서를 작성하면서 몇 분의 시간이 지나갈 수 있다. 그렇다면 접수 시 접수처에서 진료신청서 작성의 핵심사항을 파악하면 어떻게 될까? 즉, 꼭 필요한 정보를 접수 시 확인하는 것이다. 그렇게 되면

2단계 프로세스를 생략할 수 있다. 다시 말해서 '접수(1단계) → 예진(2단계) → 진료(3단계)'로 변화되는 것이다. 물론 응급진료 프로세스의 변경은 쉽지 않은 일이다. 그러나 응급진료 프로세스의 간소화를 통해 대기시간을 조금이나마 줄일 수 있게 된다. 이와 같은 변화노력을 통해 A응급실은 좀 더 빨리 진료하는 응급실의 명성을 얻게 될 것이다. 참으로 멋지고 대단한 변화라고 생각된다. 이러한 변화는 바로 성과책임에서 비롯된 것이다.

응급실 사례를 다시 한번 정리해 보자. 먼저 '환자를 신속하게 진료한다'(성과책임)라는 성과책임에서 시작했다. 그리고 '평균 대기시간이 30분이상이다'(성과책임-현상태 진단)라는 현재 상태를 진단했다. 이후 '응급진료 프로세스 변경을 검토한다'(성과목표)라는 성과목표를 수립하게 된 것이다. 이와 같이 성과책임에서 출발하게 되면 문제의 본질을 바라보게 된다.

만약 새롭게 부임한 응급실장이 밑도 끝도 없이 '우리 응급진료 프로세스를 변경합시다'라고 말했다면 어떤 결과가 나올까? 아마 구성원은 '왜 갑자기 응급진료 프로세스를 변경하나요? 지금 방식에 문제가 있나요? 이게 지금까지 해 온 방식인데요?'라고 말하여 강하게 반발하였을 것이다. 즉, 성과책임에 대한 접근 없이는 변화에 성공하기가 매우 어렵다는 것을 기억해야 한다.

이제 인사관리에서 왜 성과책임이 중요한지가 명확해졌다. 성과책임은 일의 목적이며 일의 본질이다. 따라서 성과책임에서 출발한 인사관리는 건강한 인사관리가 되는 것이다. 이제 성과책임에 집중할 시대가 온 것 같다.

그림 17 성과책임(Accountability) 사례 분석(2)

1
Q : 응급실은 왜 존재하는가?
A : 응급환자를 치료하기 위해서이다

2
Q : 그렇다면 응급실의 성과책임은?
A : 환자를 신속하게 진료한다.

→ 성과책임

3
Q : 그런데 현재의 모습은?
A : 평균 대기시간이 30분 이상이다.

→ 성과책임-현상태 진단

4
Q : 그렇다면 우리는 무엇을 해야 하는가?
A : 대기시간을 줄이기 위한 노력을 해야 한다.

5
Q : 올해 해야 할 일은?
A : 응급진료 프로세스의 변경을 검토한다.

→ 성과목표

"접수→진료신청서 작성→예진→진료" 중 '진료신청서 작성' 절차를 생략하는 방안을 강구한다.

7 성과책임과 인사관리 실무

[표 7] 직무–성과책임–성과목표(인사담당 예시)

직무명	직무개요	성과책임(직무전체)	성과목표
인사 담당	• 채용, 인사평가, 보상관리 등 인사관련 업무를 수행한다.	• 자발적 동기부여 메커니즘을 구축한다.	• 성과책임 중심의 합리적 인사제도 구축
		직무내용	
책무(Duty)	**과업(Task)**	**성과책임(책무별)**	**성과목표**
채용	• 대졸 채용계획의 수립(상반기/하반기) • 대졸 모집 및 면접 진행 • 직무별 수시채용 • 인턴사원 수시채용	• 조직의 인재상에 부합하는 우수인재를 확보한다.	• 면접제도의 개선
인사 평가	• 인사평가 시행계획 수립 • 인사평가 관련 평가자 교육 시행 • 인사평가표 배부 및 인사평가 시행 • 인사평가 결과 집계 및 확정 • 인사평가 결과의 임금 및 승진에의 반영	• 인사평가의 공정성을 제고한다.	• 성과관리 관점의 인사평가제도 도입
		• 평가자의 리더십을 향상시킨다.	• 성과관리 리더십 교육 시행
임금 관리	• 인건비 예산 확정 및 예산 내 관리 • 개인별 연봉계약 실시 • 매월 급여 지급 • 4대보험 관리 • 인사평가 결과의 임금 반영	• 임금지급의 노동법적 안정성을 확보한다.	• 임금지급 매뉴얼 수립
		• 임금지급의 정확성을 제고한다.	• 임금관리 통합 전산시스템 구축

이제 성과책임이 인사관리 실무와 어떻게 연계되는지에 대하여 살펴보자. 직무–성과책임–성과목표는 어떻게 연계될까? 인사담당 직무를 통해서 알아보자.

먼저 인사담당 직무의 개요는 무엇인가? 인사담당 직무는 '채용, 인사평가, 보상관리 등 인사관련 업무를 수행한다'라고 설명할 수 있다. 그리고 인사담당 직무는 크게 '채용, 인사평가, 임금관리'로 구분된다. 그렇다면 이제 성과책임을 규명해야 한다. 인사담당 직무의 성과책임은 무엇일까? 인사담당의 성과책임을 '자발적 동기부여 메커니즘을 구축한다'라고 규명했다. 그리고 '채용'의 성과책임은 '조직의 인재상에 부합하는 우수인재를 확보한다'라고 규명했다. 이와 같은 방식으로 책무별 성과책임을 규명할 수 있다. 그렇다면 이제 성과목표를 수립해야 한다.

'채용'을 예를 들어 보자. 인사팀장과 인사담당 김대리의 성과목표 수립 시 대화이다.

인사팀장 : 김대리 요즘 고생많지? 인사담당이 참 쉽지 않다. 그치?

김대리 : 네 어렵지만 나름대로 보람도 있고 괜찮습니다.

인사팀장 : 그렇게 생각해 주니 고맙네. 그럼 이제 올해 성과목표 수립 이야기 좀 해 볼까?

김대리 : 네 팀장님.

인사팀장 : 김대리 채용 때문에 많이 힘들지? 채용은 왜 한다고 생각해? *(성과책임에 대한 질문)*

김대리 : 채용을 왜 하냐고요? 글쎄요. 제 업무니까 하는거 아닌가요?

인사팀장 : 그렇지. 당연히 김대리 업무니까 하는거지. 맞지. 그런데 다시 한번 생각해 볼까? 우리가 채용을 하는 본질적인 이유가 뭘까?

김대리 : *(잠깐 생각에 잠긴다. 그리고 몇 초 후에)* 네 팀장님. 우리 회사에 맞는

사람 뽑으려고 채용하는 거 아닐까요? *(성과책임을 규명함)*

인사팀장 : 그렇지. 맞아. 우리 회사에 적합한 인재를 확보하려고 채용을 하는 거지. 그렇다면 현재 우리 회사에 적합한 인재를 확보하고 있다고 생각해?

김대리 : 그렇지 않은 것 같아요. 작년에 채용한 신입사원 5명은 다 그만뒀고요, 올 상반기에 채용한 신입사원 3명은 2명 그만두고 1명만 다니고 있거든요. 그리고 그 한명도 다음 달에 사직한다고 하네요.*(성과책임과 현상태에 대한 진단)*

인사팀장 : 그렇군, 우리 회사에 적합한 사람을 뽑는다는게 쉽지 않은 일인거 같아. 그렇다면 김대리 우리 회사에 적합한 사람을 뽑지 못하는 이유가 뭔거 같아.

김대리 : 제 생각에는 면접제도가 좀 바뀌야 할 것 같아요. 아직도 저희는 5대5 집단면접을 하고 있잖아요? 집단면접으로는 우리 회사에 적합한 인재를 못 뽑을 것 같아요.

인사팀장 : 그렇지? 나도 동감이야. 우리 회사 면접방식이 너무 올드하지.

김대리 : 팀장님 최근에 좀 알아보니까 프리젠테이션 면접, 토론면접 등 다양한 방식의 면접이 있더라고요, 제가 올해 한번 면접제도 개편을 해 보겠습니다.*(성과목표의 수립)*

인사팀장 : 그래. 올해 면접제도 한번 바꿔보자. 쉽지 않은 일이겠지만 분명히 조직에 도움이 될거야.

위 대화를 보면서 어떤 생각이 들었는가? '직무–성과책임–성과목표'가 이렇게 연계되는 것이다. 먼저 '채용'이라는 책무는 '대졸 채용계획의 수립(상반기/하반기) 등' 다양한 과업으로 구성된다. 그렇다면 '채용'의 성과책임은 무엇일까? 채용의 성과책임은 '조직의 인재상에 부합하는 우수인재를 확보한다'라고 규명할 수 있다. 그럼 이제 현재 성과책임을 달성하고 있는가를 확인해 보아야 한다. 확인 결과 안타깝게도 채용의 성과책임은 달성되지 못하고 있다. 그렇다면 과연 무엇이 문제인지를 고민해 보아야 한다. 고민을 해 보니 면접제도의 개선이 필요하다는 결과를 도출하게 된 것이다. 즉, 김대리의 입을 통해 '면접제도 개선'이라는 성과목표를 수립하게 되는 기적 같은 일이 생기게 된 것이다. 이와 같이 성과책임 규명을 통해서 성과목표가 수립될 수 있다.

[표 8] 직무–성과책임–성과목표(채용업무 예시)

책무(Duty)	과업(Task)	성과책임(책무별)	성과목표
채용	• 대졸 채용계획의 수립(상반기/하반기) • 대졸 모집 및 면접 진행 • 직무별 수시채용 • 인턴사원 수시채용	• 조직의 인재상에 부합하는 우수인재를 확보한다.	면접제도의 개선

만약 인사팀장이 성과책임 규명 없이 '면접제도 개선'이라는 업무를 지시했다고 가정해 보자. 아마도 인사담당 김대리는 '왜 면접제도를 바꾸려고 하지? 면접제도가 바뀌면 뭐가 나아지나? 항상 팀장님은 피곤한 일을 만들어'라고 생각할 가능성이 높다. 일에 대한 의욕도 생기지 않고 나아가 성과목표를 달성할 가능성도 매우 낮게 된다. 성과책임이 생략된 경우 인사관리의 건강성을 유지하기 매우 어렵다. 그렇기 때문에 우리가 성과책임에 더욱 집중해야 하는 이유를 명확히 이해할 수 있다.

8 성과책임의 개념(3)

나는 성과책임을 이해한 후 또 하나의 어려움을 만나게 되었다. 그것은 바로 '성과책임을 남에게 설명하는 일'이었다. 내가 성과책임을 이해하는 것보다 다른 사람에게 성과책임을 설명하는 것이 훨씬 더 어려웠다. 나는 성과책임을 명확히 이해하였지만 다른 사람에게 성과책임을 이해시키지 못했다. 그리고 혼자서 이렇게 생각했다. "왜 성과책임을 이해하지 못하지? 왜 이런 좋은 개념을 받아들이지 않는 거지?"라고 생각하면서 오히려 상대방을 원망했던 기억이 있다.

내가 성과책임을 이해하는데 오랜 시간이 걸린 것처럼 다름 사람도 성과책임을 이해하는데 시간이 필요했던 것이다. 그래서 성과책임을 좀 더 쉽게 설명할 수 있는 방안에 대해서 계속 고민하게 되었다.

업무(work)−결과(result)−성과책임(accountability)의 관계를 통해서 성과책임을 이해해 보자

그림 18 업무 vs. 결과 vs. 성과책임

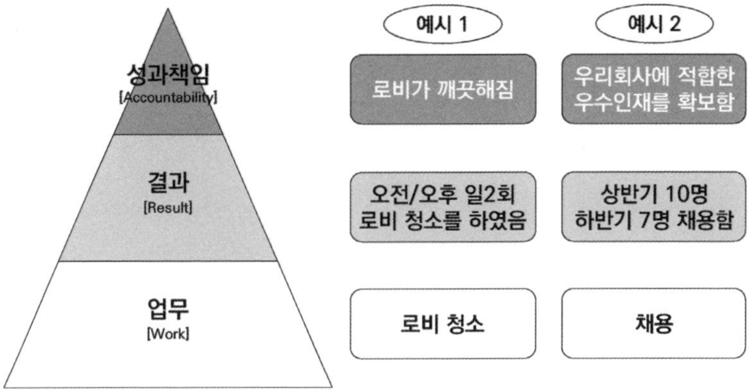

첫 번째 사례이다. '로비 청소'라는 '업무'가 있다. 우리는 '업무'를 보통 '일'이라고 부르기도 한다. 여러분이 근무하고 있는 사무실 빌딩을 생각해 보자. 그렇다면 '로비 청소'는 어떤 '결과'를 만들어 내야 할까? '오전(7시)/오후(5시) 일2회 로비를 청소 것'이라는 결과물을 기대한다고 가정해 보자. 대부분 기업은 여기까지 접근한다. '업무'와 그 해당 업무의 '결과'를 관리하는 것이다. 그러나 '로비청소'의 목적은 무엇일까? 바로 '로비를 깨끗하게 하는 것'이다. 그것이 바로 성과책임이다.

그렇다면 '업무-결과'만을 관리하는 회사와 '업무-결과-성과책임'까지 이해한 회사는 어떤 차이가 발생할까? 만약 오늘 점심에 소나기가 왔다고 가정해 보자. 점심에 소나기가 오게 되면 로비가 빗물과 방문객의 신발에 묻은 흙으로 인하여 더러워질 것이다.

먼저, '업무-결과'만을 관리하는 회사의 경우이다. 이 회사의 미화직원은 오전(7시)에 로비를 청소를 하고 오후(5시)에 청소를 하면 본인의 일을 다한 것이라고 생각한다. 따라서 소나기로 인하여 점심시간에 더러워진 로비에 대해서 크게 신경 쓰지 않을 가능성이 높다.

다음으로 '업무–결과–성과책임'을 이해한 회사이다. 이 회사의 미화직원은 오늘은 내가 평소처럼 오전(7시)/오후(5시)에 로비를 청소할 뿐만 아니라 추가적인 조치가 필요하다고 생각한다. 오늘은 점심에 소나기가 내렸기 때문에 점심시간에 이동한 사람들로 인하여 로비가 더러워졌기 때문이다. 따라서 더러워진 로비를 점심식사 이후 한번 빠르게 청소하는 것이 필요하다고 생각하게 되는 것이다. 즉, 성과책임의 인식을 통하여 자신의 업무수행을 결정하게 된다. 이와 같이 성과책임이 일하는 방식에 엄청난 영향을 미치게 된다는 것을 알 수 있다.

두 번째 사례이다. '채용'이라는 '업무'가 있다. '채용'업무는 '상반기 10명, 하반기 7명'이라는 '결과'를 기대한다고 가정해 보자. 그렇다면 '채용'의 목적은 무엇일까? 바로 '우리 회사에 적합한 우수인재를 확보하는 것'이다. 이것이 바로 성과책임이다.

최근 많은 기업들이 신입사원의 퇴사율 증가로 고민하고 있다. 신입사원 퇴직률이 50%에 육박하는 기업이 있다고 가정해 보자.

'업무–결과'만 고민한 채용담당자는 어떤 모습을 보일까? 채용담당자가 상반기 10명, 하반기 7명의 직원을 채용했다면 '본인의 일을 다했다'라고 생각할 것이다. 신입사원 퇴직율이 50%인 것은 본인에게 크게 중요하지 않다. 왜냐하면 본인은 상반기 10명, 하반기 7명을 채용했기 때문에 '결과'를 달성했다고 생각하는 것이다.

그러나 '업무–결과–성과책임'을 이해한 채용담당자는 다른 모습을 보이게 된다. 본인이 상반기 10명, 하반기 7명을 채용했지만 50%의 인원이 퇴직했다면 '이것은 문제가 있다'라고 생각한다. 왜냐하면 '채용'의 성과책임이 '우리 회사에 적합한 우수인재를 확보하는 것'이기 때문이다. 즉, 본인이 채용한 신입사원이 우리 회사에 적합한 인재가 아닐 수 있다는 생각을 하게 되는 것이다. 이런 고민을 통해서 신입사원 채용방식 개선, 신입사원 정착프로그램의 도입, 신입사원 인재상 정립 등 다양한 변화를 모색하게 된다. 어떠한가? 성과책임을 통해서 조직의 근본적인 변화가 가능하다라는 것을 다시 한번 확인할 수 있다.

성과책임은 생각보다 어려운 개념이다. 따라서 '업무–결과–성과책임'이라는 관계를 통해서 성과책임에 대해서 고민해 보기를 권해본다. 그리고 이러한 접근을 통해서 상대방에게 성과책임을 설명한다면 좀 더 이해가 쉽지 않을까 생각해 본다.

9 성과책임 규명 vs. 성과책임 인식

'성과책임의 규명'과 '성과책임의 인식'은 어떤 차이가 있을까? 결론적으로 말하자면 성과책임의 규명에서 끝나는 것이 아니라 성과책임의 인식까지 이루어져야 조직의 진정한 변화가 가능하다. 성과책임의 규명은 성과책임을 작성하면 된다. 물론 성과책임을 규명하는 것도 어려운 일이다. 그러나 성과책임의 인식은 성과책임을 마음속으로 받아들이는 것이다. 즉, 문서로 작성된 성과책임을 구성원이 그것이 나의 성과책임이라고 말하는 것이다. 그렇기 때문에 성과책임의 인식은 훨씬 더 어렵고 오래 걸리는 것이다.

그림 19 성과책임 규명 vs. 성과책임 인식

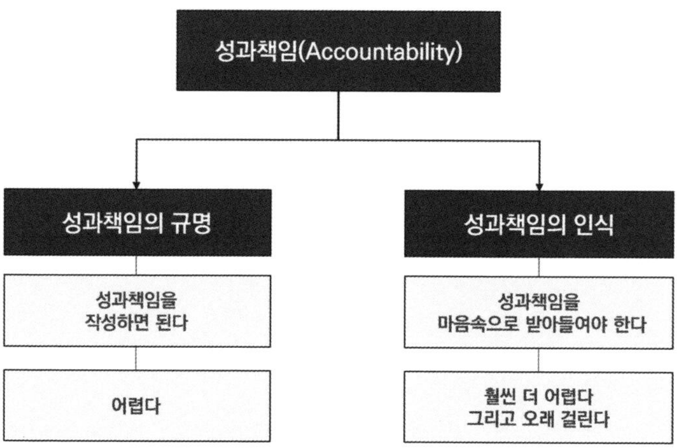

'성과책임의 규명'과 '성과책임의 인식'은 실무적으로 매우 큰 시사점을 갖는다. 성과책임을 도전했던 기업에서 자주 나오는 질문이 있다. '성과책임을 규명했는데 조직은 달라지지 않았습니다. 왜 그런 결과가 나온 것일까요?' 물론 여러 가지 이유가 있을 수 있다. 그러나 깊은 상담을 해 보면 성과책임을 규명하였지만 성과책임의 인식 단계까지 이르지 못한 경우를 많이 만나게 된다. 컨설팅을 통해서 성과책임을 규명하는 것은 어느 정도 가능하다. 그러나 성과책임을 인식하는 것은 철저하게 변화관리(change management) 관점으로 접근하여야 한다. 즉, 성과책임 인식은 조직관점에서 최소 3년 이상의 장기간의 노력이 필요한 변화이다.

지금까지는 살펴본 성과책임의 내용은 대부분 성과책임을 규명하기 위한 것이었다. 성과책임의 개념, 성과책임의 도출 원리, 성과책임과 인사관리의 관계 등은 성과책임을 올바르게 규명하기 위해서 반드시 알아야 하는 내용이다. 그럼 이제부터 성과책임의 인식에 대해서 살펴보자. 구성원이 성과책임을 인식하기 위해서 우리가 반드시 이해해야 하는 것은 무엇일까?

먼저 성과책임의 인식과 관련해서 우리가 반드시 알아야 할 한 가지가 있다. 성과책임의 인식은 '본인의 선택'이라는 것이다. 즉, 누구도 성과책임을 강제로 인식시킬 수 없다. '말을 물가로 끌고 갈 수 있지만 억지로 물을 먹이지는 못한다'라는 격언이 떠오른다. 필자는 성과책임을 전달하면서 성과책임을 거부하는 사람을 만난 경험이 많다. 성과책임에 대해서는 동의하지만 사실상 받아들이기 싫다는 것이다. 왜 이런 현상이 발생할까? 이유는 여러 가지다. 예를 들어 직무가 맞지 않는 경우, 리더에 대한 불신, 조직에 대한 실망 등 다양한 원인에 의해서 성과책임을 거부하게 된다. 이런 경우 성과책임은 도출하였지만 성과책임은 작동하지 않는 결과를 맞게 되는 것이다. 성과책임의 인식은 철저히 본인의 선택이라는 점을 기억하고 조직은 구성원이 성과책임을 선택할 수 있는 환경조건을 만들어 주어야 한다. 그렇다면 구성원이 성과책임을 인식하도록 돕기 위해서는 어떤 노력이 필요할까?

첫 번째 리더에 대한 신뢰(trust) 제고이다.

왜 구성원이 성과책임을 받아들이지 않는다고 생각하는가? 가장 대표적인 이유는 자신의 리더에 대한 불신이다. 리더를 불신하는 상태에서 성과책임은 공허한 메아리에 불과하다. 그렇다면 리더에 대한 신뢰를 제고하기 위해서 어떻게 해야 할까? 가장 먼저 해야 할 일은 존중(respect)의 문화를 만드는 것이다. 많은 리더들이 '신뢰를 어떻게 얻느냐?'고 질문한다. 신뢰를 얻는 것은 어려운 일이다. 왜냐하면 구성원이 신뢰해 주어야지 가능하기 때문이다. 즉, 신뢰를 얻는 것은 수동적인 것이다. 그렇다면 신뢰를 얻기 위해 능동적으로 할 수 있는 일은 무엇일까? 바로 내가 구성원을 존중(respect)하는 것이다. 여러분은 언제 가장 헌신적으로 일했는가? 한번 생각해 보자. 그리고 그 당시 리더를 떠 올려보자. 아마 리더는 여러분을 존중했을 것이다. 그리고 여러분과 리더는 좋은 관계를 유지했을 것이다. 너무 어렵게 생각하지 말자 신뢰를 얻기 위해서 고민하지 말자. 내가 먼저 구성원을 존중하면 되는 것이다. 바로 실천해 보자.

두 번째 자율성(autonomy)의 보장이다.

책임과 함께 하는 단어가 바로 자율이다. 책임과 자율, 자율과 책임, 어느 것이 먼저인지는 중요하지 않다. 자율을 통해서 책임 인식이 가능하고 책임을 인식한 구성원은 자율적으로 일하게 된다. 성과책임을 규명한 조직이 매우 통제적인 인사관리를 한다면 어떻게 될까? 즉, '시키는 대로 일하라'라고 말하면서 성과책임을 인식하도록 하는 것은 앞뒤가 맞지 않는 말이다. '책임'은 '자율'과 함께 해야 한다. '실'과 '바늘'이라고 생각해도 좋을 것 같다. 일의 이유(why)는 리더와 구성원이 함께 찾아가야 한다. 그리고 일의 방식(how)은 구성원 스스로 찾아 가도록 하는 것이다. 최근 MZ세대는 이렇게 말한다. "팀장님 일의 목적을 명확히 해주세요, 그리고 나면 제가 가장 효율적인 방식을 찾도록 하겠습니다. 팀장님 방식은 너무 옛날 방식이네요" 책임과 자율에 대한 강한 메시지를 담고 있는 말이다.

세 번째 서로도움(cooperation)이다.

왜 구성원이 성과책임을 받아들이지 않을까? 여러 가지 이유 중 하나는 '모든 것을 내가 책임져야 한다'라는 두려움이다. 즉, 성과책임을 인식하게 되면 상대방이 '나에게 책임을 떠넘긴다'라고 생각하는 것이다. 이것은 성과책임에 대한 큰 오해이다. 이런 성과책임에 대한 오해를 없애기 위해서는 '서로도움'의 문화를 만들어야 한다. 필자는 '서로도움'보다 '서로채움'이라는 단어가 더 적정하다고 생각한다. 일을 하다 보면 누구나 어려운 상황에 처하게 된다. 건강상의 문제가 발생하기도 하고 일의 의욕이 낮아지기고 하고 갑자기 동료직원이 퇴직하기도 한다. 이러한 상황이 발생하였을 때 '서로 채워준다'는 믿음을 갖게 하는 것이 매우 중요하다. 동료가 힘들 때 내가 채워주고, 내가 힘들 때 동료가 채워주는 문화를 만드는 것이다. 즉, 성과책임에 대해 '나에게 책임을 지운다'가 아니라 '우리가 책임을 함께 진다'라는 관점을 가져야 하는 것이다.

성과책임을 규명하는 것과 성과책임을 인식하는 것은 매우 다른 문제이다. 그리고 성과책임을 인식하는 것이 훨씬 더 중요하고 어려운 일이다. 이제 성과책임의 규명에서 성과책임의 인식까지 나아가는 도전을 해야 할 시점이다.

10 성과책임과 조직문화의 변화

우리는 왜 성과책임에 대해서 고민하는가? 성과책임을 규명하는 것은 어려운 일이다. 나아가 성과책임을 인식하는 것은 훨씬 더 어렵고 오래 걸리는 일이다. 그렇다면 우리는 왜 이렇게 많은 시간과 노력을 들여가며 성과책임에 집중해야 하는 것일까? 이에 대해 명확히 답변할 수 없다면 성과책임에 대한 도전은 성공하지 못할 것이다.

우리가 성과책임에 집중하는 이유는 '성과책임 조직문화'를 만들기 위해서이다. '성과책임 조직문화'란 어떤 조직문화일까? 성과책임의 대가인 로저 코너스(Roger Connors)는 '오즈의 원칙(The OZ PRINCIPLE)'에서 성과책임 문화를 아주 쉽게 설명하고 있다.

그림 20 ATL vs, BTL

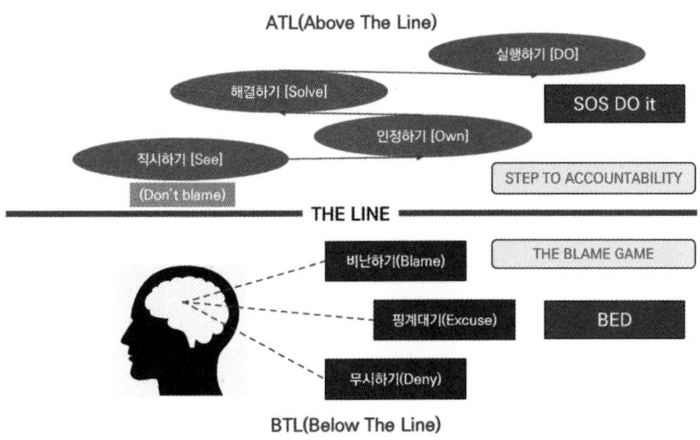

※ THE OZ PRINCIPLE(오즈의 원칙 수정 인용)

그림을 보자. 가운데 라인(THE LINE)이 있다. 그리고 위쪽을 ATL(Above The Line)이라고 부르고 아래쪽을 BTL(Below The Line)이라고 부른다. 먼저 BTL부터 살펴보자. BTL은 성과책임이 결여된 조직문화를 말한다. 이러한 조직의 특징은 무엇일까? '비난 게임'(THE BLAME GAME)이 일어난다. 먼저 남을 비난한다. 다른 사람 또는 다른 팀을 비난하기 시작한다.(Blame) '당신 때문에 못한 거에요, 저 팀 때문에 일을 할 수가 없어요'라고 말한다. 그리고 핑계를 댄다.(Excuse) '이 상황에서는 불가능합니다. 이런 환경에서는 일을 할 수 없어요'라고 말한다. 그리고 결국 무시한다.(Deny) '일단 기다려 보자, 누군가 해결하겠지'라고 말한다. BTL에 있는 조직은 비난하기(Blame), 핑계대기(Excuse), 무시하기(Deny)의 앞 글자를 따서 'BED'라고 표현할 수 있다. 'BED'라는 표현에서 아무 생각 없이 침대에 누워 있는 모습이 떠오른다.

이번에는 ATL을 살펴보자. ATL은 성과책임으로 나아간 조직을 말한다. 그래서 '성과책임으로 나아가기'(STEP TO ACCOUNTABILITY)로 표현한다. ATL 조직의 특징은 무엇일까? 먼저 남을 비난하지 않는다.(Don't blame) 이것이 매우 중요하다. 출발이 '남을 비난하지 않는 것'이다. 그렇기 때문에 자연스럽게 '직시하기(See) → 인정하기(Own) → 해결하기(Solve) → 실행하기(Do)'라는 과정이 가능하다. 먼저 문제 상황을 만났을 때 그 상황을 피하지 않고 직시한다.(See) 그리고 우리 조직에서 이런 일이 발생한 것을 인정한다.(Own) 다음으로 이제 해결방안을 고민한다.(Solve) 마지막으로 해결방안을 실행한다.(Do) 그래서 ATL에 있는 조직은 '직시하기(See) → 인정하기(Own) → 해결하기(Solve) → 실행하기(Do)'의 앞 글자를 따서 'SOS DO it'이라고 표현한다. 어떤 상황속에서도 서로 SOS를 보내며 실행(Do it)하는 모습이 떠오른다.

여러분의 조직은 과연 어떤 모습일까? BTL일까? 아니면 ATL일까? 개인적인 생각이지만 우리나라 대부분의 조직은 BTL의 상황에 놓여있는 것 같다. 컨설팅 과정에서 인터뷰를 해 보면 항상 남을 비난하는 것에서 출발한다. 다른 사람을 비난하는 순간 ATL로 올라가기는 매우 어려워진다. 물론 누구나 BTL에 놓일 수 있다. 그러나 BTL 상황에서 바로 ATL로 올라서는 사람이 있는 반면 항상 BTL에 머물러 있는 사람이 있다. 과연 그 차이는 어디에서 온다고 생각하는가? 바로 성과책임 인식의 차이에서 오는 것이다. 성과책임을 인식한 사람은 ATL에서 일한다. 물론 순간적으로 BTL로 떨어질 수 있다. 그러나 그 순간 성과책임이 힘을 발휘한다. 그래서 바로 ATL로 올라서게 된다. 반면에서 성과책임이 결여된 사람은 항상 BTL에 머물러 있다. 남을 비난하고 핑계를 대고 상황을 무시한다. ATL로 올라설 성과책임이라는 동력이 없기 때문에 BTL에서 벗어나지 못하는 것이다.

아래 성과책임 진단하기 설문지가 있다. 당신의 조직의 성과책임 수준을 솔직하게 진단해 보자. 과연 어떤 결과가 나올지 궁금하다.

[표 9] 성과책임 진단하기

NO	설문내용	매우 그렇다 (5)	그렇다 (4)	보통이다 (3)	그렇지 않다 (2)	매우 그렇지 않다 (1)
1	조직이 처한 현실을 회피하지 않고 있는 그대로 인식한다.					
2	현재의 문제점과 어려움에 대하여 남의 일처럼 바라보지 않고 자신의 상황으로 받아들인다.					
3	문제가 발생하였을 경우 해결방안을 강구한다.					
4	문제상황을 해결하기 위해서 적극적으로 행동하고 실천한다.					
5	조직에서 무언가 잘못되어가는 일에 대해 남을 탓하지 않는다.					
6	문제가 발생하였을 경우 원인을 외부환경으로 돌리지 않는다.					
7	심각한 문제 상황에 대하여 시간이 지나면 해결될 것이라고 생각하지 않는다.					
8	혹여 잘못될 경우를 대비하여 '꼬리 감추기'[발뺌]에 시간을 할애하지 않는다.					
9	문제가 발생하였을 경우 높은 수준의 주인의식과 참여의식을 보인다.					
10	자신의 업무에 대하여 성과책임을 받아들인다.					

○—● [표 10] ▮ 성과책임 진단 결과 분석

구분	주요내용
10~20점	당신의 조직은 BTL에서 운영되고 있습니다. 그 조직문화는 자기강화 패턴을 채택했고 이것이 그 조직이 비즈니스를 하는 방식입니다. 이 패턴에 변화를 주기 위해서는 신중하고 이성적인 노력을 해야 합니다.
21~30점	당신의 조직은 BTL에서 많은 시간을 보내고 있습니다. 그래서 계속 조직의 성과와 개인의 성취를 타협하려합니다. 어렴풋이 이해를 하고는 있지만 보다 긍정적인 패턴으로 돌아서기 위해서는 부단한 노력이 필요합니다.
31~40점	당신의 조직은 대체로 ATL에서 운영되고 있습니다. 조직의 구석구석에 성과책임 의식이 긍정적 정의를 인지시키는 데 최선을 다하면 생산성에 부가적인 향상이 있을 수 있습니다.
41~50점	당신의 조직은 거의 완전한 ATL상태입니다. 당신의 조직은 BTL로의 추락에 만반의 경계태세를 하는 이상 지속적으로 높은 성과를 거두게 될 것입니다.

※ 오즈의 원칙 성과책임 진단내용 수정인용

우리는 이제 성과책임의 힘을 이해했다. 바로 성과책임을 통해서 우리 조직을 ATL로 올릴 수 있다는 것이다. 얼마나 기쁘고 기대되는 일인가? 모든 조직이 ATL에서 일하기를 원한다. 그러나 그것은 구호나 슬로건만으로 불가능하다. 바로 성과책임을 통해서만 가능하다. 우리는 이제 방법을 찾았다. 이제 모든 조직이 성과책임 조직문화에 도전하기를 간절히 바란다.

Chapter

IV

두 번째 솔루션

MBO(Management by objectives and self-control)의 본질을 회복하자

1 MBO란 무엇인가?

인사평가제도의 성공적 변화를 위해서는 반드시 MBO(Management by objectives)를 이해해야 한다. MBO는 1954년 피터 드러커(Peter F. Drucker) 박사의 경영의 실제(The practice of management)라는 책을 통해서 이 세상에 소개되었다. 따라서 무려 70여년 전에 소개된 경영기법 중 하나이다. 우리가 70년된 제도를 사용하는 것이 있는가? 아마 거의 없을 것이다. 그런데 MBO라는 제도는 70년이 지났지만 많은 기업의 경영방식으로 활용되고 있다. 그 이유가 무엇일까? 그 이유는 MBO가 일의 본질에 대해서 이야기하고 있기 때문이라고 생각된다. 일의 본질은 시간이 지나도 쉽게 변하지 않는다.

MBO를 이해하기 위해서는 경영의 흐름을 간단히 살펴볼 필요가 있다. 1911년 세상은 엄청난 변화를 맞이한다. 프레드릭 윈슬러 테일러(Frederick Winslow Taylor)가 과학적 관리법(scientific management)을 주장하였고 공장들은 분업을 통하여 생산성의 혁신을 이루어 낸다. 이러한 테일러리즘(Taylorism)은 생산직 근로자(manual worker)에 대하여 높은 생산성을 달성하도록 하였지만 지식근로자(knowledge worker)에 대해서는 여러 가지 의구심을 갖게 하였다. 왜냐하면 지식근로자의 업무는 분업에 의해 생산성 향상이 어렵기 때문이었다.

한 가지 예를 들어보자. 인사팀에 4명의 인사팀원이 있다고 가정해보자. 이번에 경력사원을 채용하려고 계획중이다. 이 경우 업무를 분업의 개념으로 배분하면 어떻게 될까? 다시 말해서 A직원에게는 채용공고, B직원에게는 서류전형, C직원에게는 1차면접, D직원에게는 2차면접 등 이렇게 경력사원 채용업무를 분업 개념으로 진행하는 것이다. 아마도 경력사원 채용업무가 정상적으로 진행되기 어려울 것이다. 왜냐하면 채용 업무는 자동차를 조립하는 업무와는 다르기 때문이다. 자동차를 조립하는 업무는 A직원이 바퀴를 조립하고, B직원이 문을 조립하고, C직원이 핸들을 조립하고, D직원이 유리창을 조립하는 등 업무를 분업화하는 것이 생산성을 높일 수 있다. 그러나 지식근로자의 업무는 전체 목적을 인식하고 맥락을 이해하면서 수행해야 높은 생산성을 달성할 수 있다. 따라서 피터 드러커 박사는 지식근로자를 위한 일하는 방식을 경영의 실제(The practice of management)를 통해 제안한 것이다. 그것이 바로 MBO(Management by objectives)이다.

그럼 이제 MBO에 대해서 구체적으로 살펴보자. MBO의 오해를 소개하는 방식을 통해 MBO의 본질을 이해해 보기로 하자. MBO에 대한 많은 오해가 있다.

첫 번째 오해는 MBO를 근무평정 제도로 생각하는 것이다. MBO(Manage-ment by objectives)를 우리나라 문헌은 대부분 '목표관리제'라고 표기했다. '목표관리제'는 목표를 관리해야 하는 듯한 뉘앙스를 풍긴다. 그래서 많은 사람들은 MBO를 근무평정 제도로 생각한다. 목표를 달성했으면 높은 평가를 주고 목표를 달성하지 못했으면 낮은 평가를 주는 제도라고 생각하는 것이다.

그러나 좀 더 정확히 해석하자면 '목표에 의한 관리'가 맞을 듯 하다. '목표에 의한 관리'는 목표에 의해서 무엇인가를 관리해야 할 것 같은 느낌이 든다. 그리고 우리가 한 가지 놓치고 있는 사실이 있다. MBO는 Management (of performance) by objectives를 의미한다는 사실이다. 'of performance'가 생략되어 있다고 보아야 한다. 즉, MBO는 목표에 의한 성과관리를 말하고 있는 것이다. 이제 한 가지 오해가 풀린다. MBO는 '근무평정'제도가 아니라 '성과관리'제도인 것이다. 그러나 우리나라 대부분의 기업들은 MBO를 근무평정 제도로 생각하고 활용하고 있다. 참으로 안타까운 일이다.

두 번째 오해는 MBO를 통제적 제도로 인식하는 것이다. 대부분의 기업에서 MBO를 도입하게 되면 직원들은 반대한다. 왜냐하면 직원들은 회사가 MBO를 통해 본인을 통제하려 한다고 생각하기 때문이다. 그러나 이것은 매우 큰 오해이다.

필자는 경영의 실제 원서의 MBO 챕터(chaper)를 보고 큰 충격에 빠졌던 기억이 있다. MBO 챕터(chaper)명이 'Management by objectives and self-control'이었던 것이다. 풀어 쓰자면 '목표와 자기관리에 의한 경영'이라고 해석될 수 있다. 즉, '목표(objectives)'와 '자기관리(self-controf)'에 의해서 경영을 하라는 의미인 것이다. 그러나 우리는 이것을 MBO란 약어로 부른 것이다. 물론 약어를 사용할 수 있다. 그러나 핵심적인 개념인 자기관리(self-control)가 생략되면서 MBO는 본래의 의미를 상실하고 말았다. MBO가 아니라 MBOS라고 불렀다면 어땠을까? 지금처럼 MBO를 통제적 제도로 인식하지는 않았을 것이다. 너무나도 마음이 아프다. MBO는 사람을 통제하기 위한 제도가 아니다. 자율성을 기반으로 하는 경영기법인 것이다.

세 번째 오해는 MBO를 일방적으로 지시하는 제도로 생각하는 것이다.

그래서 MBO를 탑다운(Top-down)에 의한 제도라고 말하는 사람들이 많다. 그러나 이것 또한 커다란 오해이다. MBO는 철저히 소통하는 제도이다. 목표합의 시 리더와 구성원이 소통한다. 그리고 업수수행 시 리더가 구성원을 코칭하면서 소통이 일어나다. 또한 마지막 최종평가 시 상호 면담을 통한 소통이 일어난다. 결론적으로 MBO는 일방적으로 지시하는 제도가 아니라 소통하는 제도인 것이다. 이런 MBO를 상사가 지시하는 제도로 대부분 이해하고 있다는 것이 안타까울 뿐이다.

지금까지 MBO의 오해에 대해서 살펴보았다. MBO에 대한 오해가 풀리니 MBO의 본질을 이해할 수 있게 된 것 같다. 정리해 보자. 첫 번째, MBO는 근무평정 제도가 아니라 성과관리제도이다. 두 번째 MBO는 통제적 제도가 아니라 자율적 제도이이다. MBO가 아니라 MBOS(Management by objectives and self-control)라고 불러야 한다. 세 번째, MBO는 일방적으로 지시하는 제도가 아니라 소통하는 제도이다.

그림 21 MBO에 대한 오해와 진실

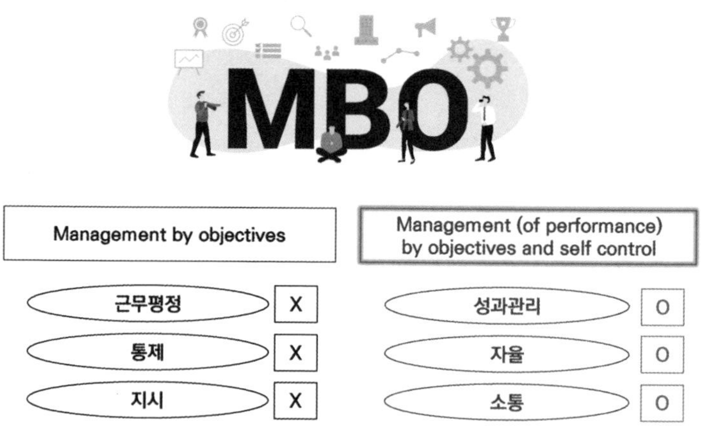

2 MBO 실무

그림 22 MBO 프로세스

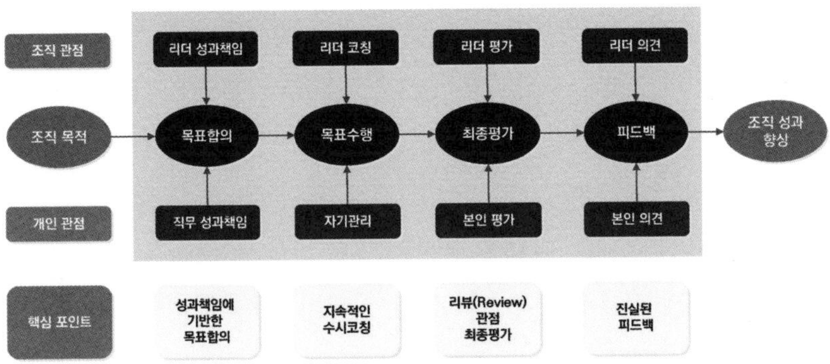

MBO(Management by objectives and self-control)를 실무적으로 접근해 보자. MBO의 키워드는 '근무평정, 통제, 지시'가 아니라 '성과관리, 자율, 소통'이라는 것을 확인했다. 그렇다면 실제 MBO는 어떤 방식으로 이루어질까? 먼저, MBO는 조직의 목적에서 출발한다. 우리조직의 목적이 무엇인지에 대해서 먼저 고민해야 한다. 그리고 조직관점과 개인관점의 만남이 '목표합의-목표수행-최종평가-피드백'이라는 단계로 일어나게 된다.

첫 번째 단계는 목표합의이다.(Plan) 목표합의는 성과책임(accountability)에 기반하여 이루어져야 한다. 목표합의 시 리더의 성과책임과 직무의 성과책임이 함께 만나야 한다. 예를 들어보자. 인사팀이 인사, 노무, 교육 직무로 구성되어 있다. 인사팀은 성과책임을 가진다. 인사팀의 성과책임은 '자발적 동기부여 메커니즘을 구축한다'이다. 그리고 인사직무도 성과책임을 가진다. 인사직무의 성과책임은 '인사관리의 공정성을 높인다'이다. 그렇다면 인사팀장과 인사담당이 만나서 인사팀과 인사직무의 성과책임을 기반으로 '올해 과연 무엇을 해야 하는가?'를 논의하는 것이다. 리더와 구성원의 치열한 논의 끝에 나온 결과가 바로 목표(objective)가 되는 것이다. 논의 결과 인사담당이 목표를 '성과관리제도 변화'로 정했다고 가정해보자. 목표는 방향성을 의미한다. 방향성이 정해졌기 때문에 흔들림 없이 나아갈 수 있다. 그래서 인사팀과 인사담당은 함께 한 해 동안 혼신의 힘을 다해 '성과관리제도 변화'를 위해 노력하는 것이다. 이것이 바로 목표합의이다. 목표를 상사가 부하에게 정해 주는 것이라고 생각하는 경우가 있다. 그렇지 않다. 목표는 리더와 구성원이 치열한 논의를 통해 정하는 것이다.

두 번째 단계는 목표수행이다.(Do) 목표가 정해졌기 때문에 이제 실행단계로 들어간다. 실행단계에서 리더는 구성원에게 코칭을 한다. 그리고 구성원은 자기관리(self-control)에 기반하여 업무를 수행한다. 목표수행 단계에서 지속적인 수시코칭이 이루어져야 한다. 리더와 구성원이 함께 만나서 대화하는 것이 바로 수시코칭이다. 수시코칭이란 지시하고 관리하는 것이 아니라 '돕는 것'이다. 그리고 자기관리(self-control)는 자율성 관점에서 접근되어야 한다. 자기관리(self-control)가 작동하기 위해서는 '자율성'이 보장되어야 한다. 우리는 '스스로 일하는 것이지 남에게 일을 시킬 수 없다'라는 것을 이해해야 한다. 이렇게 리더코칭과 자기관리에 의해서 목표는 방향성을 유지하고 정상적으로 진행될 수 있다. 앞서 살펴본 예시를 들어보자. 올해 인사담당은 '성과관리제도 변화'라는 목표를 수립하였다. 인사담당은 스스로 고민을 시작한다. '우리 회사 성과관리의 문제점은 무엇인가? 어떻게 이 문제를 풀어가야 하나? 다른 기업들은 어떤 변화를 시도하고 있나?' 이러한 고민은 절대로 남이 시켜서 할 수 있는 일이 아니다. 본인이 스스로 고민해야만 가능한 일이다. 그리고 리더인 인사팀장은 인사담당을 도와야 한다. 성과관리제도 변화는 인사담당 혼자서 감당하기 어려운 일이기 때문이다. 그렇다면 '무슨 도움이 필요한지? 그리고 어떤 추가 조치가 필요하지?'에 대해서 함께 논의해야 한다. 이것이 수시코칭이다.

세 번째 단계는 최종평가이다.(See) 한 해 동안 합의된 목표를 수행하였다면 어떤 과정과 결과를 보였는지에 대해서 확인하는 것이 당연히 필요할 것이다. 최종평가는 '사람을 평가한다'라는 관점이 아니라 '한해의 성과를 돌아본다'는 리뷰(Review)관점이 바람직하다. 먼저 본인이 리뷰를 한다. 그리고 리더가 리뷰를 한다. 솔직한 의견을 적는 시간이다. 잘된 점도 있고 부족한 점도 있을 것이다. 리뷰 후에 필요하다면 평가등급이라는 메시지를 정하는 것도 가능하다. 다만, 최종평가의 목적은 리뷰이지 평가등급이 아니라는 점을 기억해야 한다.

네 번째 단계는 피드백이다. 최종평가 시 작성한 리뷰를 서로 공유하는 시간이다. 피드백은 보통 리더가 구성원에게 전달하는 방식으로 이루어진다. 대부분의 기업들이 피드백을 평가등급 통보로 인식하는 경향이 있다. 그러나 피드백은 서로의 의견을 공유하는 시간이며 평가등급은 그중 하나에 불과하다. '목표합의-목표수행-최종평가'로 이어진 성과관리 과정에서 서로 충분한 소통이 이루어졌다면 진실된 피드백이 가능하다. 물론 피드백이라는 절차가 서로에게 부담되는 것은 어쩔 수 없다. 가장 힘든 상황은 '목표합의–목표시행–최종평가'과정에서 전혀 소통이 이루어지지 않은 경우이다. 평소에 소통이 없었다면 사실상 피드백은 불가능하다. 피드백은 정상적인 성과관리가 전제되어야 가능한 일이다.

지금까지 MBO의 실무적 모습에 대해서 살펴보았다. MBO를 '목표합의–목표수행–최종평가–피드백'이라는 조직의 소통방식으로 이해해도 좋을 듯 하다. 많은 기업들이 MBO의 어려움을 호소한다. 우리는 지금까지 MBO로 사람을 평가하려고 했다. 그리고 통제했다. 그리고 일방적으로 지시했다. 당연히 MBO는 작동하지 않았다. 그러나 이제 실마리가 조금은 보이는 것 같다. MBO는 조직의 일하는 방식이다. MBO에서 반드시 기억해야 할 것은 성과책임에서 출발해야 한다는 것이다. 그리고 MBO를 성과관리로 이해하고 자율과 소통을 통해서 도전해보자. MBO를 통해 조직의 성과향상이라는 기적을 만날 수 있을 것이다.

3 MBO vs. OKR vs. BSC

그림 23 성과관리 변천사

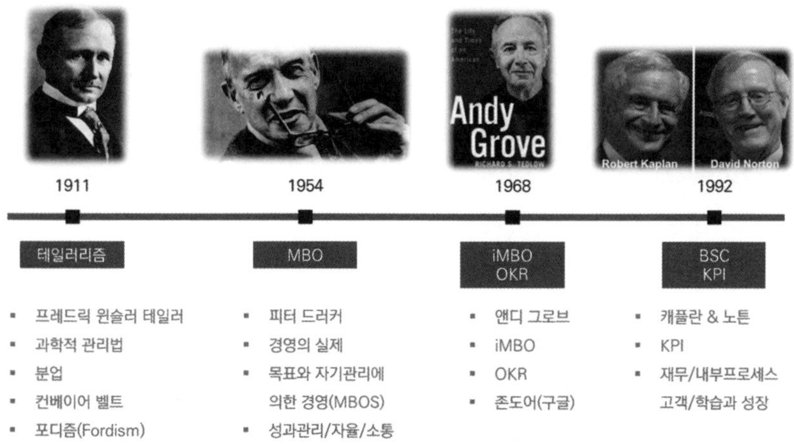

많은 분들이 질문하는 내용이 있다. MBO, OKR, BSC의 차이점이다. 사실 개념의 명확한 이해가 되지 않은 상태에서는 비교하기가 쉽지 않다. MBO, OKR, BSC의 본질을 알게 되면 차이점은 분명해 진다. 이를 위해서는 테일러리즘부터 알아보는 것이 필요하다.

1911년 테일러(Frederick Winslow Taylor)는 과학적 관리법(scientific management)을 세상에 소개했다. 과학적 관리법의 핵심은 시간연구(time study)와 동작연구(motion)을 통한 과업관리(task management)였다. 테일러

리즘(Taylorism)은 과업관리를 통하여 분업의 효율을 실제로 이루어 낸다. 이후 분업은 컨베이어벨트 방식의 포디즘(Fordism)으로 이어지게 된다. 포디즘은 대량생산체계를 구축함과 동시에 생산성의 혁신을 가능하게 만들었다. 사실상 현대 경영학은 테일러리즘부터 시작되었다고 볼 수 있다. 이후 1954년 피터 드러커 박사(Peter F. Drucker)는 경영의 실제(Practice of Management)를 통해서 새로운 경영방식을 제안하게 된다. 바로 MBO(Management by objectives and self-control)이다. 목적(objectives)과 자기관리(self-control)에 의해서 경영을 하라고 말한 것이다. 즉, 새로운 경영 방식을 제안한 것이다. 이 무렵 지식근로자에 대한 성과관리에 대한 고민이 시작되었다. 육체근로자와 달리 지식근로자의 경우 분업을 통한 생산성 향상에 어려움이 발생했다. 이러한 상황에서 MBO는 자율과 소통을 기반으로 하는 성과관리 제도로 활용되게 된다. 그러나 안타깝게도 대부분의 기업은 MBO를 개인을 평가하는 근무평정 제도로 인식했고 직원을 통제하고 지시하기 시작했다. 결과적으로 MBO는 목적과 자기관리에 의한 경영이라는 본질을 잃어버리고 근무평정 제도로 전락하고 만다. 그리고 MBO와 관련하여 한 가지 강조하고 싶은 점이 있다. MBO는 사실 일의 목적을 알게 하기 위한 제도였다는 것이다. 경영의 실제 MBO 챕터에 다음과 같은 석공 이야기가 등장한다.

> 경영자라면 모두 아는 얘기를 소개하겠다.
> 세 사람의 석공에게 지금 무엇을 하느냐고 묻자,
> 첫 번째 사람은 "나는 이것으로 생계를 유지하고 있습니다"라고 대답했다.
> 두 번째 사람은 계속 망치를 놀리면서 "나는 이 나라에서 제일 훌륭한 석공 일을 하고 있습니다"라고 대답했다.

세 번째 사람은 비전이 가득한 눈빛으로 쳐다보면서 "나는 사원을 짓고 있습니다."라고 말했다. 세 번째 사람이 진정한 의미의 경영자이다.

※ 경영의 실제(피터 드러커 저, 이재규 번역 인용)

예전부터 알고 있던 이솝 우화 같은 이야기가 경영의 실제의 MBO 챕터에 있다는 것이다. 이것은 무엇을 의미할까? 피터 드러커 박사는 MBO를 통해 일의 목적, 즉 일의 의미를 알게 하고 싶었던 것이다. 그러나 우리는 MBO를 근무평정 제도로만 사용하였다니 너무 안타까운 일이다.

이처럼 MBO가 본질을 잃어가고 있는 시점에서 1968년 앤디 그로브(Andrew S. Grove)는 인텔만은 제대로된 MBO를 해야 겠다는 생각으로 MBO를 iMBO로 명명한다. 기존의 병든 MBO를 버리고 MBO의 본질을 회복해야 한다는 생각에서 iMBO라고 부른 것이다. 그리고 iMBO를 성공시키기 위한 방안으로 OKR(Objectives and Key Result)을 제안하게 된다. OKR은 목표(Objectives)와 핵심결과(Key result)를 말한다. 목표(objectives)는 방향성(direction)을 의미한다. 그리고 핵심결과(Key result)는 이정표(milestone)이다. 앤디 그로브는 이렇게 예를 들어 설명한다. 너무나 쉬운 설명이다. 목표를 달성하기 위해서는 거쳐야 하는 이정표가 있다는 것이다.

나는 비행기를 타기 위해 한 시간 내에 공항에 도착해야 한다. 이것이 나의 목표다. 나는 중간에 A, B, C 세 개 마을을 통과해 운전해야 한다는 것을 알고 있다. 나의 핵심결과는 출발 후 A, B, C 세 개 마을을 각 10분, 20분, 30분 시점에

통과해야 한다는 것이다. 만약 운전한 지 20분이 지났는데 A마을을 통과하지 못했다면 길을 잘못 든 것이다.
고속도로를 빠져나와 누군가에게 길을 묻지 않는다면 아마도 제시간에 비행기를 탈 수 없을 것이다.

※ 하아아웃풋매니지먼트(앤디 그로브 저, 유정식 번역 인용)

이와 같이 OKR은 MBO를 성공적으로 운영하기 위한 방안으로 제시된 것이다. 이후 인텔의 엔지니어였던 존 도어(John Doerr)가 구글에 OKR을 전하게 된다. 사실 OKR이 이렇게 널리 알려진 것은 구글이 했기 때문이라고 보아도 무방하다. 한 가지 안타까운 것은 인터넷 등에 MBO와 OKR이 서로 상반된 제도인 것으로 설명하고 있는 자료가 많이 있다. 그러나 이러한 접근은 OKR을 잘못 이해한 것이다. MBO와 OKR은 본질상 동일한 제도이다.

마지막으로 조직성과를 관리하기 위한 BSC(Balanced Scorecard)의 등장이다.

BSC는 캐플란(Robert S. Kaplan)과 노튼(David P, Norton)에 의해서 제안된 조직성과관리 도구이다. 캐플란과 노튼은 조직성과가 균형을 갖는 것이 매우 중요하다고 생각했다. 따라서 재무적 관점 뿐만 아니라 고객 관점, 내부 프로세스 관점, 학습과 성장 관점을 균형감있게 바라보아야 한다고 주장한 것이다. 참으로 올바른 주장이라고 생각한다. '재무적 성과'는 하늘에서 뚝 떨어지는 것이 아니라 '학습과 성장'을 통한 '내부 프로세스 혁신' 그리고 '고객 만족'으로 가능하다고 본 것이다. 노튼과 케플란의 통찰력에 박수를 보내고 싶다. 그리고 여기서 매우 중요한 한

가지가 등장한다. 바로 계량지표인 KPI(Key performance indicator)이다. 우리는 캐플란 박사가 회계학 박사라는 것을 기억할 필요가 있다. 회계학 박사였던 캐플란은 숫자에 의한 관리를 지지하였다. 따라서 BSC는 계량화된 조직성과관리 도구로 볼 수 있는 것이다. 그러나 이러한 BSC 또한 조직의 성과관리보다 조직평가에 활용되기 시작했다. 나아가 KPI를 기준으로 단순히 평가하는 수준에 머물게 된다. 즉, KPI를 달성했는지만을 체크하는 평가로 전락하기 시작한다. 참으로 안타까운 대목이다. BSC가 처음 소개되었던 문헌을 보면 BSC를 이렇게 표현하고 있다.

> BSC는 비행기 조종석(airplane)의 계기판(the dials and indicator)으로 생각하면 된다.
> 비행기 조종사는 연료, 대기속도, 고도, 방향, 목적지 등 비행의 다양한 측면에서 세부적인 정보가 필요하다. 하나의 도구에 의지하는 것은 치명적일 수 있다. 마찬가지로 오늘날 경영의 복잡성은 경영자가 동시에 다양한 측면의 성과를 볼 수 있어야 함을 요구한다.

※ The Balanced Scorecard-Measures that Drive Performance(1992) 인용

위의 내용의 핵심은 BSC를 비행기의 계기판으로 생각하라는 것이다. 계기판에는 숫자로 표시된 많은 정보가 있다. 우리는 계기판의 정보를 비행기를 조종하는데 활용한다. 다시 말해 조종사를 계기판 정보로 평가하지는 않는다. 그런데 우리는 BSC를 조직을 평가하는데 활용했으니 너무나 안타까운 마음이다. 그리고 나아가서 일부 기업은 BSC를 통해 개인을 평가하기도 했다.

○—● [표 11] ▮ MBO vs. OKR vs. BSC

구분	MBO	OKR	BSC
창시자	피터 드러커(1954년)	앤디 그로브(1968년)	캐플란&노튼(1992년)
개념	목적과 자기관리에 의한 경영방식	성공적인 MBO를 위한 실천도구	조직성과를 관리하기 위한 경영 도구
핵심개념	목적 (objectives) 자기관리 (self-control)	목적 (objectives) 핵심결과 (key result)	재무적 관점 고객 관점 내부프로세스 관점 학습과 성장 관점
특징	최초에는 경영방식으로 제안됨. 이후 성과관리에 활용되는 과정에서 근무평정으로 전락함	MBO의 문제점을 해결하기 위하여 개발됨 이후 존도어를 통해 구글에 전해짐	조직성과 관리를 위해 제안됨 계량화된 경영도구임 (KPI : Key performance indicator)
계량관점	계량+비계량	계량+비계량	계량
시사점	• MBO와 OKR은 본질적으로 동일한 제도임 • MBO는 '목적과 자기관리에 의한 경영방식'을 의미하며 OKR은 성공적인 MBO를 위한 실천도구임 • BSC는 평가기법이 아니라 성과관리기법임 • BSC는 조직성과관리를 위한 기법이므로 개인성과관리에 적용하는 것은 바람직하지 않음 • BSC는 계량적 방식을 적용함, 다만, MBO와 OKR은 계량과 비계량을 모두 적용함		

이제 좀 정리가 되는 것 같다. MBO, OKR, BSC는 각각의 고유한 목적을 가진 제도이다. 이제 우리는 MBO, OKR, BSC의 취지를 제대로 이해하고 활용해야 할 시점이 온 것 같다.

Chapter

V

세 번째 솔루션

평가권을
1차 평가자에게 위임하라

1 평가권의 변화 : 1차 평가자 중심의 평가권 설계

인사평가를 성공적으로 변화시키기 위해서 반드시 필요한 것은 무엇일까? 물론 여러 가지 방안이 있을 수 있다. 그러나 반드시 필요한 것은 평가권의 변화이다. 우리나라 대부분의 기업들은 1차 평가-2차 평가 등 비율방식의 다단계 평가권을 운영하고 있다. 보통 1차 평가 60점(X점), 2차 평가자 40점(100-X점) 정도로 구성한다. 이를 '평가점수 배분방식'이라고 부른다. 그러나 이런 방식으로는 인사평가의 목적을 달성하기 매우 어렵다. 다시 본질적인 질문을 스스로에게 던져보자. 인사평가의 목적은 무엇인가? 성과관리를 통한 성과향상이다. 성과를 향상시키기 위해서는 업무수행에 대한 코칭과 피드백이 필요하다. 평가권을 다단계로 운영하게 되면 평가결과가 누구에 의해서 도출된 것인지 모호해진다. 사실상 리더는 1차 평가자이다. 그러나 1차 평가자는 60%밖에 권한이 없다. 당연히 평가결과에 책임지려하지 않고 책임질 필요도 없다. 결론적으로 평가점수 배분방식의 다단계 평가권은 성과관리에 적합하지 않은 방식인 것이다.

따라서 이제 평가권을 1차 평가자 중심으로 변화시켜야 한다. 1차 평가자는 점수와 등급을 부여하고 2차 평가자는 등급의 확인 및 조정 역할을 수행한다. 이를 '평가자 역할 구분방식'이라고 부른다. 이러한 방식은 사실상 평가권이 1차 평가자에게 위임된다. 먼저, 1차 평가자는 성과관리 과정과 결과에 기반하여 평가점수와 평가등급을 부여한다. 그리고 2차 평가자는 1차 평가자의 의견을 존중하는 관점에서 평가등급을 확인 및 조정한다. 평가등급 조정 과정에서 1차 평가자와 2차 평가자의 깊이 있는 논의가 진행된다. 이러한 '평가자 역할 구분 방식'은 1차 평가자에게 실질적인 권한 부여를 통하여 성과관리 관점의 인사평가가 가능하게 된다. 따라서 대부분의 기업들은 평가권을 '평가자 역할 구분 방식'으로 변경하고 있는 것이다.

그림 24 평가권(피평가자가 팀원인 경우)

과거 — 평가점수 배분방식

구분	평가자	평가권
1차 평가	팀장	X %
2차 평가	본부장	(100-X) %
평가 확정	대표이사	최종 확정
특징	• 평가권이 분산되어 있기 때문에 평가 결과에 대한 책임소재가 불명확함 • 보통 타부서원과 비교를 통해 결정함	

최근 — 평가자 역할 구분 방식

구분	평가자	평가권
1차 평가	팀장	평가점수와 평가등급 부여
2차 평가	본부장	평가등급 확인 및 조정
평가 확정	인사위원회	최종 확정
특징	• 1차 평가자에게 실질적인 권한 부여를 통하여 성과관리 관점의 인사평가가 가능함 • 타부서원과 비교하지 않음(원칙)	

최근 필자는 컨설팅을 통해 평가권이 무려 4단계로 운영되고 있는 회사를 만난적이 있다. 팀원을 평가한다고 가정해 보자. 1차 평가(팀장) 40점, 2차 평가(본부장) 30점, 3차 평가(사무총장) 20점, 4차 평가(위원장) 10점으로 평가권이 설계되어 있었다. 위원장과 인터뷰 내용이다.

컨설턴트 : 위원장님, 현재 평가권에 대해서 어떻게 생각하시나요?
위원장 : 제가 팀원까지 평가를 하고 있는데요. 이건 좀 문제가 있는 것 같아요.
컨설턴트 : 네. 좀 더 자세히 의견을 부탁드리겠습니다.
위원장 : 저는 보시다시피 주로 사무총장 그리고 본부장과 업무를 하고 있습니다. 사실 팀원들이 무슨 일을 하는지는 모르거든요. 사실 솔직히 이름을 모르는 경우도 있습니다. 그런데 제가 팀원을 평가하는게 말이 안 되는 것 같습니다.
컨설턴트 : 저도 위원장님의 의견에 동의합니다. 그런데 왜 이렇게 제도가 운영되고 있을까요?
위원장 : 글쎄요. 예전부터 그렇게 해 와서 그런거 아닐까요?
컨설턴트 : 이번 컨설팅을 통해서 평가권을 조정하도록 하겠습니다.
위원장 : 꼭 부탁드립니다.

인터뷰의 내용처럼 위원장도 '평가점수 배분방식'의 다단계 평가권의 문제점을 이해하고 있었다. 이 회사는 컨설팅을 통해 평가권을 변경하였고 성과관리 관점의 평가제도로 변화를 진행하고 있다.

추가적으로 한 가지 사항에 대해서 살펴보자. 보통 '평가점수 배분방식'은 타부서원과 비교를 통해 평가등급을 결정하는 방식을 선택한다. 예를 들어 사원은 사원끼리, 대리는 대리끼리, 과장은 과장끼리 비교해야 한다고 생각하는 것이다. 따라서 대부분 상대평가를 적용한다. 또한 평균조정, 표준편차·평균조정 등 통계적 보정 방식을 활용한다. 따라서 평가점수 배분방식은 매우 복잡한 평가제도가 되고 만다. 같은 직급끼리 비교하는 것이 타당한 것처럼 들린다. 그러나 생각을 다시 해보면 타팀과 서로 비교하는 방식은 타당성을 확보하기 매우 어렵다는 것을 쉽게 알 수 있다. '인사담당 김대리와 재무담당 박대리 중 누가 일을 더 잘 했는가?'를 판단하는 것은 불가능한 일이기 때문이다. 그런데 우리는 지금까지 평가점수 배분방식이라는 복잡한 평가제도를 선택했고 '복잡하니 공정하다'라고 생각했던 것이다.

반면에 '평가자 역할구분 방식'은 타부서원과 비교하지 않는 것을 원칙으로 한다. 즉, 1차 평가자는 피평가자의 기대성과를 기준으로 평가의견을 개진하는 것이다. 그렇다면 기대성과는 무엇을 기준으로 결정되는가? 바로 직급이다. 직급은 연봉과 연계되어 있다. 즉, 직급에 맞게 일을 했는가를 보는 것이다. 따라서 절대평가가 가능하다. 복잡한 통계적 보정은 필요하지 않게 되는 것이다.

성과관리 관점으로 인사평가를 변화시키기 위해서는 반드시 1차 평가자 중심의 평가권 운영이 필요하다. 물론 평가권의 변경 시 저항, 절대평가의 관대화 현상 해결 등 많은 애로사항이 발생할 수 있다. 그러나 이러한 문제는 해결해야 할 과제이지 피해야 할 대상이 아니다. 왜냐하면 성과관리를 통한 성과향상이 인사평가의 목적이기 때문이다.

2 평가등급 결정 기준

그림 25 평가등급 결정 기준(피평가자가 팀원인 경우)

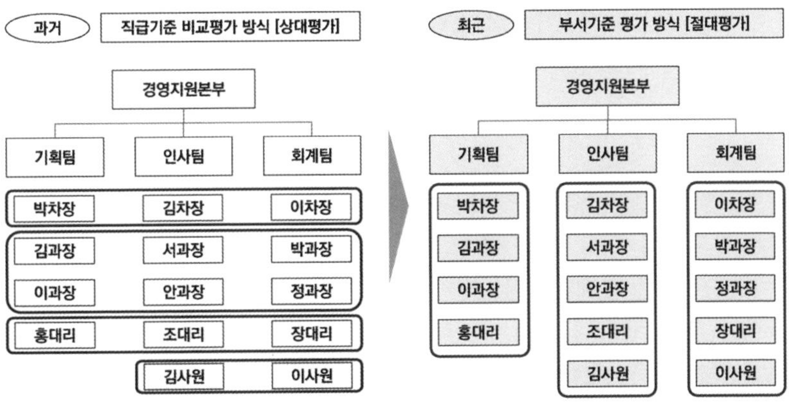

인사평가 제도 설계 시 평가등급 결정 방식은 구성원에게 가장 민감한 이슈이다.

지금까지 대부분의 기업들은 '직급기준 비교평가 방식'을 선택했다. 쉽게 말하자면 직급별로 비교하는 것이다. 차장은 차장끼리, 과장은 과장끼리, 대리는 대리끼리, 사원은 사원끼리 비교한다. 직급별로 비교한다는 것은 일견(一見)타당해 보인다. 예를 들면 1학년은 1학년끼리, 2학년은 2학년끼리, 3학년은 3학년끼리 비교하는 느낌이 든다. 위 그림을 통해 좀 더 구체적으로 살펴보자. 직급기준으로 비교한다는 의미는 차장의 경우 기획팀의 박차장과 인사팀의 김차장과 회계팀의 이차장을 비교하는 것이다. 이를 통해서 누가 가장 일을 잘 했는지를 결정하게 된다. 결국 3명의 차장 중 1등, 2등, 3등이 결정되는 상대평가가 이루어진다.

그러나 다시 생각해 보자. 만약 학교에서 비교하여 등수를 정할 때 전제조건은 무엇일까? 시험 문제가 같아야 한다. 매우 당연한 조건이다. 만약 서로 시험문제가 다르다면 비교자체가 불가능할 것이다. 그럼 기업 사례로 돌아와 보자. 기획팀의 박차장, 인사팀의 김차장, 회계팀의 이차장은 완전히 다른 업무를 수행하고 있다. 따라서 서로 누가 업무를 잘 했는지를 비교하는 것 자체가 불가능하다. 즉, 시험문제가 다른 것이다. 그러나 지금까지 기업들은 이러한 '직급기준 비교평가 방식'으로 평가등급을 결정했다. 참으로 이해할 수 없는 방식이 현장에서 계속 시행된 것이다. 이러한 문제만 있는 것이 아니다. 또 다른 논리적 모순이 존재한다. 평가자간 점수 차이이다. 즉, 기획팀장과 인사팀장과 회계팀장의 평가 경향성의 차이에 의해서 관대화 또는 가혹화 등 유불리가 발생하는 것이다. 이러한 논리적 문제점을 인식한 기업들은 보완책을 고민하기 시작했다. 대표적인 것이 바로 '평균 조정' 또는 '표준편차·평균조정' 등 통계적 보정방식이다. '평균 조정'은 평균점을 동일하게 조정하는 방식이며 '표준편자·평균조정'은 평균점과 표준편차를 모두 동일하게 조정하는 방식을 말한다. 그러나 통계적 보정은 평가자의 경향성 문제만을 해결할 뿐이지 '업무가 다르다'라는 근본적인 문제를 해결하지는 못했다. 결국 구성원들은 복잡한 평가방식에 의한 평가등급을 통보받을 뿐 평가등급 결정 방식이 공정하다는 생각을 갖기는 매우 어려웠다.

그래서 최근 많은 기업들이 선택하고 있는 평가등급 결정기준은 '부서기준 평가방식'이다. '부서기준 평가방식'은 다른 부서와 비교하지 않고 부서내에서 평가등급이 결정되는 방식이다. 즉, 기획팀은 기획팀내에서 인사팀은 인사팀 내에서 회계팀은 회계팀 내에서 평가등급이 결정된다. 기획팀을 예를 들어 보자. 기획팀장은 기획팀원에 대한 성과관리자(1차 평가자)이다. 따라서 기획팀장(1차 평가자)은 기획팀의 박차장, 김과장, 이과장, 홍대리에 대한 성과관리 과정과 결과를 기준으로 평가점수를 부여하고 평가등급에 대한 의견을 개진한다. 따라서 상대평가가 아닌 절대평가가 가능하다. 절대평가의 기준은 직급이다. 해당 직급에 맞게 일을 했는가를 보는 것이다. 상식적으로 볼 때 매우 타당한 방식이다.

물론 여러 가지 궁금증이 생길 수 있다. **첫 번째 1차 평가자에게 실질적인 평가권을 부여하는 것에 대한 리스크이다.** 물론 1차 평가자가 자의적인 평가를 하게 되면 평가의 공정성에 큰 문제가 발생할 수 있다. 따라서 1차 평가자가 평가점수와 평가등급을 부여하지만 2차 평가자에게 평가등급의 확인 및 조정권을 부여하여 1차 평가자와 2차 평가자간 견제와 균형이 이루어지도록 해야 한다. 또한 1차 평가자는 목표합의-수시코칭-최종평가 등 성과관리 전체 과정관리를 통하여 평가의 예측 가능성을 높여야 한다.

두 번째 관대화 현상 문제이다. 절대평가를 시행하게 되면 평가자는 당연히 관대화 경향을 보이게 된다. 왜냐하면 다른 부서는 높은 평가점수를 주는데 본인만 엄격하게 평가한다면 손해라고 생각하기 때문이다. 이러한 관대화 현상문제를 해결하기 위해서는 근본적으로 '인건비 예산 배분 방식'이 도입되어야 한다.(인건비 예산 배분 방식에 대해서는 별도 주제로 살펴볼 예정이다) '인건비 예산 배분 방식'이란 부서별로 먼저 인건비 예산을 배분하는 방식을 말한다. 예를 들어 본부별 인건비 예산이 먼저 결정된다고 가정하면 본부내 직원의 평가등급을 높이는 것이 아무런 의미가 없게 된다. 즉, 모두 S를 주면 모두 B를 주는 것과 같게 되는 것이다. 만약 '인건비 예산 배분 방식' 도입이 어려운 경우에는 '등급비율 기준'을 운영하는 것도 도움이 될 수 있다. 즉, VG(30%), GD(50%), NI(20%) 등 등급 비율 기준을 설정하고 등급 비율 기준과 다른 평가결과에 대해서는 소명하도록 하는 방식이다.

지금까지 평가등급 결정기준에 대해서 살펴보았다. 과거의 '직급기준 비교 평가 방식'은 인사평가를 근무평정 관점으로 생각하던 시절에는 어느 정도 설득력을 가졌다고 생각한다. 그러나 성과관리 관점의 인사평가를 위해서는 1차 평가자에게 실질적인 평가권을 부여하는 것이 매우 중요하다. 이를 위해서는 '부서기준 평가 방식'으로 변경하는 것을 적극적으로 검토해야 한다. '부서기준 평가 방식'을 통해서 1차 평가자가 성과관리자로서 역할을 수행하고 궁극적으로 조직의 성과를 향상시킬 수 있을 것이다.

3 평가등급 결정 절차

평가등급을 결정하는 절차에 대해서 구체적으로 살펴보자. '평가자 역할 구분 방식'과 '부서기준 평가방식'을 전제로 피평가자가 팀원인 경우에 대하여 설명하기로 한다.

그림 26 평가등급 결정 절차(피평가자가 팀원인 경우)

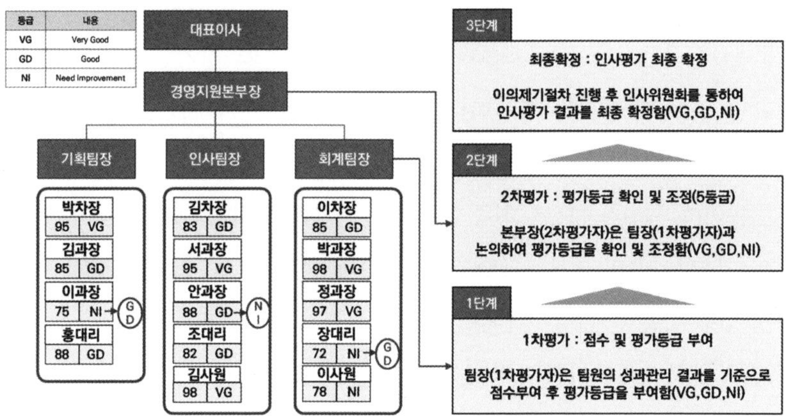

평가등급 결정은 크게 3단계로 나누어 진행된다.

1단계는 1차 평가 단계로서 '점수 및 평가등급 부여' 단계이다. 팀장(1차 평가자)은 팀원의 성과관리 결과를 기준으로 점수부여 후 평가등급을 부여한다. 평가등급은 3등급(VG, GD, NI)으로 부여한다.

평가등급의 의미를 살펴보자. 'GD(Good)'란 자신의 직급에 맞게 기대성과를 충족한 인재이다. 'VG(Very Good)'란 자신의 직급의 기대성과를 초과하여 달성한 인재이다. 'NI(Need Improvement)'란 자신의 직급의 기대성과에 미달한 인재이다.

이제 기획팀 예를 통하여 평가점수와 평가등급 부여를 살펴보자. 기획팀장은 박차장, 김과장, 이과장, 홍대리에 대한 성과관리자로서 평가점수를 부여 후 평가등급을 부여하게 된다. 기획팀장은 박차장에게는 VG, 김과장에게는 GD, 이과장에게는 NI, 홍대리에게는 GD를 평가등급으로 부여했다.

2단계는 2차 평가 단계로서 '평가등급 확인 및 조정'단계이다. 본부장(2차 평가자)은 팀장(1차 평가자)이 부여한 평가점수와 평가등급을 확인하고 필요한 경우 조정권을 행사한다. 다만, 조정권 행사 시 1차 평가자의 평가등급을 기준으로 상하 1등급 범위내에서만 조정할 수 있다. 평가등급은 3등급(VG, GD, NI)으로 최종 결정하는 것을 추천하고 싶다. 굳이 5등급으로 구분하지 말고 3등급으로 최종 결정하는 것이 오히려 평가등급의 공정성에 도움이 된다. 기획팀 예를 들어 보자. 경영지원본부장은 기획팀장과 논의 결과 이과장의 평가등급을 NI에서 GD로 변경한다. 기획팀의 이과장이 M&A로 높은 성과를 냈기 때문에 GD등급을 부여하기로 결정한 것이다.

3단계는 최종확정 단계로서 '인사평가 최종 확정' 단계이다. 인사평가등급을 본인에게 통보 후 이의제기절차를 진행한다. 이의제기절차 후 인사위원회를 통하여 인사평가 등급을 최종확정한다.

위와 같은 평가등급 결정 절차는 절대평가 방식이기 때문에 관대화 현상이 발생할 가능성이 매우 높다. 관대화 현상을 방지하기 위해서는 크게 2가지 방법을 검토할 수 있다.

첫 번째 평가등급 비율 기준을 운영하는 것이다. 예를 들어 평가등급 부여 시 VG(30%), GD(50%), NI(20%) 등 같이 평가등급 비율 기준을 운영하게 되면 어느 정도 관대화 현상을 예방할 수 있다. 즉, 평가자 입장에서는 낮은 평가등급(NI)를 부여하는 것에 대한 부담감을 낮출 수 있다. 그러나 평가등급 비율 기준은 '상대평가'라는 오해를 불러일으킬 수 있다. 따라서 실제 평가등급 비율이 평가등급 비율 기준과 상이하게 나오는 것이 가능하도록 유연하게 운영할 필요가 있다.

두 번째 '인건비 예산 배분 방식'의 적용이다. 절대평가를 성공적으로 운영하기 위해서는 궁극적으로 인건비 예산을 조직의 리더에게 위임하는 것이 필요하다. '인건비 예산 배분 방식'을 적용하게 되면 인사평가 관대화의 의미가 없어지게 된다. 즉, 모두 높은 평가(VG)를 주는 것은 모두 중간 평가(GD)를 주는 것과 동일하기 때문이다.

지금까지 평가등급 결정 절차에 대해서 살펴보았다. 이번에 소개한 방식은 1차 평가자의 실질적인 성과관리자로서의 권한을 보장하는 방식이다. 나아가 평가등급 결정 시 1차 평가자와 2차 평가자의 논의 절차를 통하여 1차 평가자의 평가권 남용을 견제하는 방식이기도 하다. 평가등급을 결정하는 방식은 매우 다양하게 존재한다. 그러나 성과관리 관점의 인사평가를 성공적으로 운영하기 위해서는 1차 성과관리자에게 실질적인 평가권을 부여해야 한다는 점을 반드시 기억할 필요가 있다.

4 평가등급 결정 시 핵심이슈

인사평가 등급 결정은 인사평가 시 가장 민감한 이슈이다. '평가자 역할 구분 방식'에 대해서 다시 한번 정리해 보자. 먼저 1차 평가자는 평가점수를 부여한 후 평가등급을 부여한다. 이후 2차 평가자는 평가등급에 대하여 확인 및 조정절차를 진행한다. '평가자 역할 구분 방식'은 1차 평가자의 평가권을 실질적으로 인정하면서 1차 평가자의 평가권 남용을 2차 평가자를 통하여 견제하는 방식이다.

그림 27 평가등급 확인 및 조정 시 가이드라인

1. 평가등급 조정 시 2차평가자는 1차평가자의 평가등급을 존중함을 원칙으로 한다.
2. 평가등급 조정 시 2차평가자는 1차평가자와 평가등급 협의 면담을 반드시 시행한다.
3. 1차평가자는 평가등급 부여 후 먼저 인사팀에 통보한다.
4. 2차평가자는 1차평가자의 평가등급을 기준으로 상하 1등급을 초과하여 조정할 수 없다. (전체인원의 30% 한도)

평가등급 (+) 요인	평가등급(-) 요인
▪ 조직성과에 탁월한 기여 ▪ 직급 대비 높은 성과 ▪ 부서평가 우수 ▪ 평가 공정성 확보	▪ 조직운영 애로 발생 ▪ 직급 대비 낮은 성과 ▪ 부서평가 저조 ▪ 평가 공정성 확보

5. 2차평가자는 평가등급 협의일지를 작성한다. 평가등급 협의일지에 평가등급 변경 사유를 명시한다.
6. 평가등급은 절대평가로 결정함을 원칙으로 한다.
7. 최종 인사평가 등급은 인사위원회를 통해서 결정한다.

'평가자 역할 구분 방식'에 의해서 평가등급 부여 시 가이드라인이 반드시 필요하다. 평가등급 부여 가이드라인에 대해서 구체적으로 살펴보자.

첫 번째 평가등급 조정 시 2차 평가자는 1차 평가자의 평가등급을 존중함을 원칙으로 한다. 2차 평가자가 새로운 평가등급을 부여하는 관점이 아니라 1차 평가자의 평가등급을 확인하는 관점으로 접근해야 한다. 즉, 1차 평가자의 평가권이 실질적으로 인정되도록 하여야 한다.

두 번째 평가등급 조정 시 2차 평가자는 1차 평가자와 평가등급 협의면담을 반드시 시행한다. 일부 기업에서 2차 평가자가 일방적으로 1차 평가자의 평가등급을 변경하는 경우가 있다. 평가등급 부여 시 2차 평가자와 1차 평가자가 서로 만나서 의견을 교환하는 평가등급 협의면담을 통하여 평가등급을 부여해야 한다.

세 번째 1차 평가자는 평가등급 부여 후 먼저 인사팀에 통보한다. 이러한 절차의 시행 이유는 향후 평가등급 조정이 어느 정도 발생했는지를 정확히 확인하기 위해서이다. 즉, 2차 평가자가 평가등급 조정사실을 숨기는 것을 방지하기 위함으로 이해하면 될 것 같다.

네 번째 2차 평가자는 1차 평가자의 평가등급을 기준으로 상하 1등급을 초과하여 조정할 수 없다. 또한 전체인원의 30% 한도내에서 평가등급을 조정할 수 있다. 2차 평가자의 조정권한이 너무 많은 경우 1차 평가자의 평가권이 무력화 될 수 있기 때문에 2차 평가자의 조정권한을 적절한 수준으로 제한할 필요가 있다.

평가등급 상향(+) 조정은 조직성과에 탁월한 기여를 한 경우, 직급 대비 높은 성과를 달성한 경우, 부서평가가 우수한 경우, 평가공정성 확보를 위한 경우 등 시행한다.

평가등급 하향(-) 조정은 조직운영에 애로를 발생시킨 경우, 직급 대비 낮은 성과를 달성한 경우, 부서평가가 저조한 경우, 평가공정성 확보를 위한 경우 등 시행한다.

다섯 번째 2차 평가자는 평가등급 협의일지를 작성한다. 평가등급 협의일지에 평가등급 변경 사유를 명시하도록 한다.

여섯 번째 평가등급은 절대평가로 결정함을 원칙으로 한다. '평가자 역할 구분 방식'은 1차 평가자에게 실질적인 평가권을 부여하는 방식이다. 따라서 1차 평가자가 성과관리 결과를 기준으로 절대평가를 시행하는 것이 반드시 필요하다.

일곱 번째 최종 인사평가등급은 인사위원회를 통하여 결정한다. 평가등급 부여 후 피평가자에게 평가등급 피드백과 면담을 시행한다. 이후 이의제기절차를 진행한 후 최종적으로 인사위원회를 개최하여 평가등급을 확정해야 한다. 최근 인사평가와 관련한 소송이 지속적으로 증가하고 있다. 따라서 인사평가의 법률적 안정성을 제고하기 위한 평가절차를 설계하는 것이 요구된다.

평가등급 결정 시 많은 이슈가 발생할 수 있다. 따라서 공정한 평가등급 결정을 위해서는 평가자를 대상으로 평가등급 결정관련 교육을 시행하고 평가등급 결정 가이드라인을 준수하도록 하는 것이 필요할 것이다.

그림 28 평가등급 협의 일지

■ 인적사항

구분	소속	성명
피평가자		
1차 평가자		
2차 평가자		

1. 작성 시 유의사항

가. 본 협의일지는 1차 평가자의 평가등급과 2차 평가자의 평가등급이 상이한 경우에 작성한다. 나. 평가등급 협의일지 작성을 통하여 평가등급 결정의 공정성을 제고한다. 다. 평가등급 협의일지는 2차 평가자가 작성함을 원칙으로 한다.

2. 평가등급 변경 사항

1차 평가자 평가등급	2차 평가자 평가등급
VG, GD, NI	VG, GD, NI

3. 평가등급 변경 사유

[자유롭게 기술]

1차 평가자	2차 평가자
(인)	(인)

※ 본 서명은 평가등급 결정 시 1차 평가자와 2차 평가자가 협의하였음을 확인하는 절차임. (따라서 상기 서명은 평가등급 변경에 동의함까지 의미하는 것은 아님)

5 절대평가 성공 방안 : 인건비 예산 배분 방식

최근 많은 기업들이 상대평가에서 절대평가방식으로 변경하고 있다. 성과관리 관점의 인사평가를 시행하기 위해서는 절대평가가 반드시 필요하기 때문이다. 그러나 절대평가로 변경하게 되면 관대화 현상이 심각하게 발생하게 된다. 따라서 절대평가를 성공적으로 운영하기 위해서는 인사제도의 추가적인 변화가 필요하다. 절대평가의 관대화 현상을 억제하고 공정한 절대평가를 위해서는 '인건비 예산배분 방식'이 도입되어야 한다. '인건비 예산배분 방식'이란 먼저 부서(팀)기준으로 인건비 예산을 배분하고 평가결과를 따라서 개인별 연봉인상액이 결정되는 방식을 말한다. '인건비 예산 배분 방식'을 도입하게 되면 리더(팀장) 입장에서 평가등급 관대화에 대한 유혹에서 벗어날 수 있다.

예를 들어보자. 절대평가 시 팀장이 경쟁적으로 높은 평가를 부여하는 이유는 무엇일까? 우리 팀이 다른 팀과 비교하여 손해가 발생하지 않도록 하기 위해서이다. 그러나 '인건비 예산 배분 방식'을 도입하게 되면 상황이 달라진다. 먼저 우리 팀의 인건비 예산이 결정되었기 때문에 팀원 전체에게 높은 평가를 줄 필요가 없게 된다. 즉, 팀원 모두에게 좋은 평가(S)를 주는 것은 팀원 모두에게 보통 평가(B)를 주는 것과 동일하기 때문이다.

그림 29 인건비 예산 배분 방식(예시)

인건비 인상 예산(Y) : 14,220,000
(팀 총연봉의 5%)

NO	기본급(A)	연봉(B)	평가등급(C)	인상지수(D)	공헌도(E)	공헌비율(F)	연봉인상액(G)	연봉인상율(X)
김차장	6,000,000	72,000,000	GD	1	72,000,000	0.238	3,385,714	4.70%
서과장	4,800,000	57,600,000	VG	1.5	86,400,000	0.286	4,062,857	7.05%
안과장	5,200,000	62,400,000	NI	0.5	31,200,000	0.103	1,467,143	2.35%
조대리	4,300,000	51,600,000	GD	1	51,600,000	0.171	2,426,429	4.70%
김사원	3,400,000	40,800,000	VG	1.5	61,200,000	0.202	2,877,857	7.05%
계		284,400,000			302,400,000	1	14,220,000	5.00%

주1) 인상지수(D) = VG(1.5), GD(1.0), NI(0.5)
2) 공헌도(E) = 연봉(B) X인상지수(D)
3) 공헌비율(F) = 공헌도(E)/공헌도의 합[Σ(E)]
4) 연봉인상액(G) = 연봉인상재원(Y) X공헌비율(F)
5) 연봉인상율(X) = 연봉인상액(G)/연봉(B)
6) 기타사항 : Base-up을 추가로 적용할 수 있음, 팀기준으로 적용함

상기 예시를 통해서 '인건비 예산 배분 방식'에 대해서 구체적으로 살펴보자.

5명의 팀원(김차장, 서과장, 안과장, 조대리, 김사원)으로 구성된 팀이 있다고 가정해 보자. 올해 인건비 인상 예산은 팀 총연봉(284,400,000원)의 5%(14,220,000원)로 결정되었다. 이제 개인별 연봉인상은 인건비 인상 예산(14,220,000원)을 어떻게 배분할 것인가의 문제로 귀결된다.

첫 번째 평가등급별 인상지수(D)를 결정한다. VG(1.5), GD(1.0), NI(0.5)로 확정했다.

두 번째 공헌도(E)를 산정한다. 공헌도는 연봉(B)×인상지수(D)로 계산한다.

세 번째 공헌비율(F)을 산정한다. 공헌비율은 공헌도(E)/공헌도의 합

[Σ(E)]으로 계산한다.

마지막으로 연봉인상액(G)을 산정한다. 연봉인상액은 연봉인상재원(Y)×공헌비율(F)로 계산한다. 쉽게 정리하자면 인사평가 결과에 따른 공헌비율을 기준으로 연봉인상액이 결정되는 방식이다.

'인건비 예산 배분 방식'은 이해하기 쉽고 합리성이 높아서 직원들의 수용성이 매우 높은 제도이다. 또한 리더 입장에서는 절대평가의 관대화 문제점을 해소할 수 있다. 따라서 인사평가제도를 상대평가에서 절대평가로 변경하는 기업의 경우에는 반드시 '인건비 예산 배분 방식'을 검토하는 것이 필요하다.

그러나 실제 기업의 모습을 볼 때 '인건비 예산 배분 방식'을 도입한 기업은 많지 않다. 왜 그럴까? 인건비는 인사팀이 통제해야 한다는 생각 때문이라고 본다. 즉, 인건비 관리를 조직장에게 위임하는 것이 불안하다고 생각하기 때문에 '인건비 예산 배분 방식'을 선택하지 못하는 것이다. 그러나 이제는 관점을 바꿔야 한다. 조직장에게 권한을 위임하고 이를 통하여 높은 성과를 달성할 수 있는 환경을 제공하는 것이 인사팀의 역할이라는 점을 다시 한번 생각해 볼 시점이다.

Chapter

VI

네 번째 솔루션

KPI에 의한
평가에서 벗어나라

1 정량평가는 공정한가? 그리고 정성평가는 불공정한가?

정량평가(계량) → 객관적 → 공정(?) 정성평가(비계량) → 주관적 → 불공정(?)

인사평가의 변화에서 가장 중요한 것은 계량화에 대한 관점이다. 우리는 보통 이렇게 생각한다. "정량평가(계량) → 객관적 → 공정"이라는 사고의 흐름이 있다. 정량평가는 계량적이다. 계량적이기 때문에 객관적이다. 결론적으로 '객관적인 것은 공정하다'라고 생각한다.

그리고 "정성평가(비계량) → 주관적 → 불공정"이라는 사고의 흐름이다. 정성평가는 비계량적이다. 비계량적이기 때문에 주관적이다. 여기서 잠깐 고민을 하게 된다. 그런데 정량평가와 댓구를 이루는 것이 자연스럽다. 객관적인 것이 공정하다면 '주관적인 것은 불공정하다'라고 생각하는 것이다. 그러나 이러한 생각은 전혀 증명되지 않은 것이다. 그러나 많은 사람들이 이렇게 생각했고 이러한 생각이 우리의 인사평가를 매우 잘못된 방향으로 이끌게 되었다.

그림 30 정량평가(계량) 사례

구분	매출신장률	점포 매출신장률
압구정점 숙녀팀	10%	20%
타임월드점 숙녀팀	0%	-10%

정량평가의 예를 들어보자. 백화점 숙녀팀장에 대한 평가이다. 매출신장률이라는 정량적 지표를 활용하여 평가를 한다고 가정해 보자. 압구정점 숙녀팀장은 전년대비 10% 매출을 신장시켰다. 반면 타임월드점 숙녀팀장은 전년과 동일한 매출실적으로 보였다.(0%) 이러한 정량적 지표에 의하여 압구정점 숙녀팀장이 우수한 평가를 받게 되었다. 그렇다면 과연 이러한 정량평가 과연 공정한 평가일까?

하나의 요소를 추가해 보자. 점포 매출신장률이다. 즉, 전체 점포가 얼마나 매출이 신장했는지를 나타내는 지표이다. 먼저 압구정점을 살펴보자. 압구정점은 20% 매출이 신장하였다. 명품소비 증가로 인하여 점포매출이 20% 신장한 것이다. 그러나 숙녀팀은 10% 매출을 신장시켰다. 과연 압구정점 숙녀팀장은 우수한 평가를 받는 것이 맞을까? 고개가 갸웃거려진다.

이번에는 타임월드점이다. 타임월드점은 매출이 10% 역신장하였다. 올해 경쟁점인 신세계백화점의 리뉴얼 오픈에 따른 강력한 프로모션으로 매출이 10%나 감소한 것이다. 그러나 이러한 상황 속에서 타임월드 숙녀팀장은 고정고객관리를 강화하여 전년도의 매출실적을 지켜냈다. 이것이 과연 부진한 성과일까? 동의가 되지 않는다. 이제 생각을 다시 한번 정리해야 할 것 같다. 정량적 평가는 객관적인 평가일 뿐이다. 공정한 평가일 수도 있지만 불공정한 평가일 수도 있다.

그림 31 정성평가(비계량) 사례

'피겨 여왕' 김연아(23)가 새 시즌 첫 연기에서 탁월한 표현력으로 다시 한 번 심판들의 마음을 사로잡았다.

김연아가 받아든 성적표에서 가장 먼저 눈에 띄는 부분은 35.00점을 찍은 예술점수(PCS)다.

이 점수로 김연아는 지난해 12월 NRW 트로피에서 받은 자신의 역대 최고 PCS (34.85점)를 뛰어넘었다.

7명의 심판 중 두 명이 다섯 항목 모두에 9점 이상을 줬다. 심판들이 항목별로 매긴 점수 중 가장 낮은 것이 8.25점일 만큼 모든 심판에게 고른 지지를 받았다.

(연합뉴스 기사 수정 인용)

이번에는 정성평가의 예를 들어보자. 김연아 선수가 피겨스케이팅 연기를 마치고 점수를 받는 장면을 떠올려 보자. 이러한 기사내용이 있다. "김연아가 받아든 성적표에서 가장 먼저 눈에 띄는 부분은 35.00을 찍은 예술점수이다." 김연아 선수의 예술점수는 어떤 평가인가? 정량적 평가인가? 아니다. 정성적 평가이다. 즉, 심판들의 주관적 평가이다. 심판의 주관적 평가에 의한 점수에 의해서 금메달이 결정된다. 피겨스케이팅에 대한 점수는 정량적으로 평가할 수 없기 때문에 정성적인 평가에 의해서 금메달을 결정하는 것이다. 다시 말해 주관적 평가가 무조건 불공정하다는 것은 잘못된 생각이다. 주관적 평가는 공정하게 이루어질 수 있다. 물론 주관적 평가는 불공정성 시비가 쉽게 발생할 수 있는 특징이 있는 것이다.

이제 우리의 생각을 다시 한번 정리해 봐야 할 것 같다. 많은 기업들이 가급적 정량적으로 평가하려고 노력해 왔다. 정량적 평가가 공정한 평가라는 막연한 믿음이 있었던 것이다. 이러한 접근에서 KPI(Key performance indicator)중심의 평가방식을 선택했다. 그러나 정량평가는 객관적 평가일 수 있지만 공정한 평가는 아닐 수 있다. 결국 KPI를 강화했던 많은 기업들이 평가의 공정성을 높이지 못했다. 이제 정성평가에 대해서 다시 한번 생각해 봐야 한다. 정성평가는 주관적 평가일 뿐 불공정한 평가가 아니다. 정성평가를 최소화하는 것이 아니라 정성평가를 공정하게 할 수 있는 방안을 고민하는 것이 필요하다.

평가의 본질을 생각해 보자. 평가의 본질은 객관적일까? 주관적일까? 평가는 평가자의 의견이다. 그렇기 때문에 평가의 본질은 주관이다. 여러분의 업무를 한번 생각해보자. 정량적으로 평가할 수 있는 부분이 얼마나 될까? 아마 많지 않을 것이다. 우리는 대부분 정성적인 성격의 업무를 하고 있기 때문이다.

그림 32 피터 드러커 박사의 계량화에 대한 생각

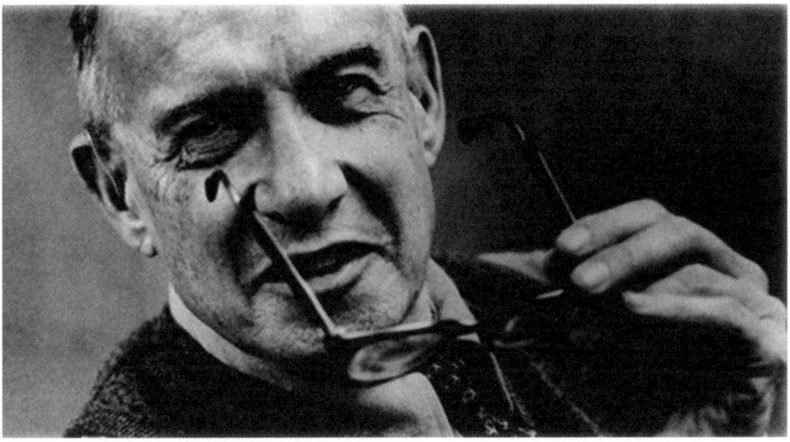

기업의 모든 주요한 분야에 대해 분명하고도 보편적인 측정기준을 제공하는 것은 진정 변함없는 관행으로 정착시켜야만 한다. 그런 측정기준은 엄격하게 숫자로 표시할 필요는 없으며, 반드시 정확할 필요도 없다. 그러나 그것들은 분명하고, 단순하고, 합리적이어야 한다.
It should indeed be an invariable practice to supply managers with clear and common measurements in all key areas of a business. These measurements need not be rigidly quantitative ; nor need they be exact. But they have to be clear, simple and rational.

피터 드러커(Peter Drucker : 1909~2005, 경영의 실제, p.197

피터 드러커 박사는 경영의 실제(The practice of management)에서 계량화에 대한 생각을 다음과 같이 피력했다. "그런 측정기준은 엄격하게 숫자로 표시할 필요는 없다. These measurement need not be rigidly quantitative" 1954년에 벌써 피터 드러커 박사는 지식근로자의 본질을 고민했던 것이다. 우리에게 깊은 울림을 주는 문장이다. 그럼 이제 어떠한 변화가 필요할까? 가장 중요한 것은 KPI라는 정량화에 매몰되는 것에서 벗어나는 것이다. KPI평가는 업무의 본질을 놓치게 하였고 인사평가를 형식적인 지표관리로 전락시켰다. 따라서 정량평가와 정성평가를 조화롭게 활용하는 방향으로 나아가야 한다. 정량평가도 정성평가도 완벽하지 않다. 중요한 것은 성과의 성격을 고려하는 것이다. 즉, 성과의 성격에 따라서 정량평가와 정성평가를 적용하는 것이 공정한 평가라는 점을 기억해야 한다.

2 정량평가 vs. 정성평가

정량평가와 정성평가에 대해서 다시 한번 살펴보자.(정량평가와 정성평가에 대해서는 다양한 의견이 존재할 수 있다. 정량평가와 정성평가에 대한 필자의 '조작적 정의' 관점으로 이해를 부탁한다.)

[표 12] ▮ 정량평가 vs. 정성평가

구분	정량(定量) 평가	정성(定性) 평가
개념	숫자를 활용하는 계량적 평가 (정량평가는 객관적 평가로 인식됨)	숫자를 활용하지 않는 비계량적 평가 (정성평가는 주관적 평가로 인식됨)
활용	양(quantity)적 평가에 주로 활용 (정량 평가는 정성평가의 근거로 활용 가능)	질(quality)적 평가에 주로 활용 (outcome 또는 impact평가에 활용)
평가지표 도출 방법	직무별 특성을 반영하여 도출함.	공통기준 적용 원칙
평가지표 예시	영업 : 매출신장률, 이익신장률 생산 : 불량률, 생산량 증가율 인사 : 노동분배율, 이직률 등	업무완성도, 기한준수도, 개선노력도 등

첫 번째 개념이다. 정량평가는 숫자를 활용하는 계량적 평가를 말한다. 보통 계량지표를 활용하여 평가한다. 정량평가는 객관적인 평가로 인식되는 경향이 있다. 반면에 정성평가는 숫자를 활용하지 않는 비계량적 평가를 말한다. 평가자의 의견이라고 이해해도 좋다. 정성평가는 주관적 평가로 인식되는 경향이 있다.

두 번째 활용이다. 정량평가는 양(quantity)적평가에 주로 활용된다.

또한 정량평가는 정성평가의 근거로 활용된다는 점을 기억할 필요가 있다. 즉, 정성평가 시 정량평가를 근거로 평가자가 의견을 개진하는 것이다. 반면에 정성평가는 질(quality)적평가에 주로 활용된다. 특히 결과(outcome) 또는 영향력(impact) 평가에 정성평가가 활용된다. 성과관리 모형은 투입(input)-과정(process)-산출(output)-결과(outcome)으로 구분할 수 있다. 이러한 단계 중 결과(outcome)는 정량평가가 매우 어렵기 때문에 정성평가를 활용하게 된다.

세 번째 평가지표이다. 정량평가 시 지표는 직무의 특성을 반영하여 도출한다. 예를 들어 영업은 매출신장률, 이익신장률, 생산은 불량률, 생산량 증가율, 인사는 노동분배율, 이직률 등 직무를 고려하여 도출한다. 정량지표를 KPI(Key performance indicator)라고 부른다. 반면 정성평가 시 지표는 보통 공통기준을 적용한다. 예를 들어 업무완성도, 기한준수도, 개선노력도 등 정성지표는 전사적으로 활용할 수 있다.

정성평가와 정량평가 운영 시 가장 중요한 포인트는 무엇일까? 정성평가가 적합한 성과목표에 대해서 정량평가를 적용하는 것을 주의해야 한다는 점이다. 즉, 정량평가를 강조하는 기업의 경우 모든 성과목표를 정량적으로 평가하려는 경향을 보인다. 이러한 경우 평가가 크게 왜곡되는 현상이 발생하게 된다. 따라서 성과목표의 성격에 따라서 정량평가와 정성평가가 결정되어야 한다. 또한 정량평가와 정성평가가 한 방향으로 치우치지 않고 조화롭게 이루어지는 것이 바람직하다.

그렇다면 어떻게 정량평가와 정성평가의 조화를 이루게 할 수 있을까? 대표적인 방법이 '실행과제 중심의 목표합의'이다. 먼저 정량지표(KPI)를 고민하지 말고 실행과제를 고민하는 방식이다.(물론 정량화에 매몰되지 않는 방법은 다양하게 존재할 수 있다. 따라서 '실행과제 중심의 목표합의'는 정량화에 매몰되지 않는 하나의 방식으로 이해하면 좋을 듯하다.)

[표 13] 목표합의서(예시)

NO	중점추진과제 [성과목표]	세부추진계획	평가비중	평가지표	목표수준	기한	조직목표해당
1	경력사원의 안정적 운영	경력사원의 인재상과 인적요건에 대한 구체적인 기준을 마련하고 경력사원 정기면담제도 시행계획을 수립하여 시행함	10%	경력사원 유지율 [정성·**정량**]	경력사원 유지율 70%	12월 말	○
			10%	업무완성도 [**정성**·정량]	경력사원 면담제도가 시행되고 경력사원이 안정적으로 정착함		
2	신입사원 면접 제도 개선	신입사원 채용 면접 시 프리젠테이션 면접, 집단토론 면접 등을 도입하여 당사에 적합한 핵심인재를 확보함	20%	업무완성도 [**정성**·정량]	프리젠테이션 면접과 집단토론 면접제도를 도입하고 인재의 수준을 향상시킴	6월 말	○
3	인사평가제도 개편방향 수립	외부 컨설팅 기관을 통하여 현재 인사평가제도의 문제점을 진단하고 인사평가제도 향후 개편방향을 수립함	20%	업무완성도 [**정성**·정량]	당사에 적합한 인사제도 개편 방향성을 수립함	6월 말	
4	보상제도 전산프로그램 개발	기본인적사항관리, 근태관리, 임금관리, 연차관리 등을 수행할 수 있는 보상제도 전산프로그램 개발을 연말까지 완료함	10%	전산 프로그램 개발 진행률 [정성·**정량**]	연말까지 100% 개발	12월 말	○
			10%	업무완성도 [**정성**·정량]	급여지급의 효율성과 법적 안정성을 확보한 급여프로그램을 도입함		
5	근로시간 단축에 대비한 인력운영 개편방안 수립	현재 2조 2교대제의 문제점을 진단하고 향후 근로시간 단축에 대비한 교대제 개편 및 인력운영 방안을 수립함	20%	업무완성도 [**정성**·정량]	주52시간제 시행과 생산성 향상을 고려한 교대제 개편 방안을 수립함	6월 말	○

예를 들어보자. 인사담당의 목표합의서이다. 인사담당은 목표합의 시 지표를 고민하지 않고 실행과제를 고민한다. 즉, 인사담당으로서 성과책임을 달성하기 위해서 올해 해야 할 가장 중요한 업무가 무엇인지를 생각하는 것이다. 고민 결과 '경력사원의 안정적 운영, 신입사원 면접제도 개선, 인사평가 개편방향 수립, 보상제도 전산프로그램 개발, 근로시간단축방안 수립' 등 실행과제가 도출되었다. 이것이 바로 성과목표이다. 그렇다면 이제 해당 성과목표의 평가지표를 고민하는 것이다. 정량평가가 가능한 경우도 있고 정성평가가 더 적합한 경우도 있다. 물론 정량평가와 정성평가를 병행하는 것도 가능하다.

구체적으로 '경력사원의 안정적 운영'이라는 성과목표를 예를 들어 보자. 경력사원의 안정적 운영을 평가하는 방법은 정량평가와 정성평가가 모두 적합하다. 따라서 '경력사원 유지율'이라는 정량평가와 '업무완성도'라는 정성평가를 병행하는 것이 바람직하다. 다음으로 '신입사원 면접제도 개선'이라는 성과목표를 예를 들어 보자. 신입사원 면접제도 개선은 정량평가가 불가능하다. 따라서 신입사원 면접제도 개선은 '업무완성도'라는 정성평가를 선택하는 것이다.

지금까지 정량평가와 정성평가를 비교해서 살펴봤다. 가장 중요한 것은 성과목표의 성격을 고려하여 정량평가와 정성평가를 결정하는 것이다. 절대로 정량화(KPI)에 매몰되어서는 안된다. 정량화에 매몰되는 경우 인사평가 형식적으로 이루어지며 인사평가의 공정성도 개선되기 어렵다는 점을 반드시 기억해야 하다. 정량화에 매몰되는 것을 방지하기 위해서는 대표적인 방법으로 목표합의 시 '실행과제 중심의 목표합의'를 제안하고 싶다.(목표합의는 향후 별도의 주제로 살펴볼 예정이다.)

3 KPI의 올바른 활용방법

인사평가의 변화에서 매우 중요한 요소는 정량지표 즉, KPI(Key performance indicator)에 대한 접근이다. 계속 강조하였지만 인사평가가 정량적 지표에 매몰되는 경우 인사평가는 본질을 잃어버리고 왜곡되는 결과를 맞게 된다. 따라서 정량과 정성이 조화를 이루는 인사평가 제도를 구축해야 한다. 앞서 설명하였지만 가장 바람직한 방법은 '실행과제 중심의 목표합의'를 통하여 지표에 매몰되지 않도록 하는 것이다. 즉, 실행과제수립 후 지표도출(정량지표 또는 정성지표)로 접근하게 되면 정량적 지표에 매몰되는 현상을 상당 수준 예방할 수 있다.

그렇다면 정량지표(KPI)를 어떻게 운영하는 것이 바람직할까? 필자는 정량지표(KPI)운영과 관련하여 '팀단위 정량지표(KPI) 후보 도출' 방안을 제안하고 싶다. 쉽게 설명하자면 팀기준으로 정량지표(KPI)를 도출한 뒤 성과목표 합의 시 적정한 정량지표(KPI)를 활용하는 방식이다. 여기서 중요한 것은 정량지표(KPI)가 팀의 성과책임(Accountability)에 기반하여 도출되어야 한다는 점이다.

[표 14] 정량지표(KPI) 활용방법

단계	내용
1단계	팀 성과책임(Accountability) 규명
2단계	팀기준 정량지표(KPI) 도출(팀 성과책임 기반)
3단계	성과목표 합의 시 적정한 정량지표 활용(실행과제 중심의 목표합의)

그럼 실무적으로 정량지표의 활용방안에 대해서 살펴보자.

1단계이다. 팀의 성과책임을 규명한다. 예시를 통하여 살펴보자. 인사팀의 성과책임을 규명한다. '인사팀의 존재이유는 무엇인가?'라는 질문을 통해 인사팀의 성과책임에 접근할 수 있다. 이를 통하여 인사팀의 성과책임이 다음과 같이 규명되었다.

그림 33 1단계 : 팀 성과책임 규명

〈인사팀 성과책임〉

1. 자발적 동기부여 메커니즘을 구축한다.
2. 인사관리의 공정성을 높인다.
3. 협력적 노사관계를 구축한다.
4. 핵심인재를 육성한다.
5. 조직에 적합한 우수인재를 확보한다.
6. 인사관리의 노동법적 안정성을 제고한다.
7. 인사팀 구성원의 역량을 향상시킨다.

2단계이다. 팀 성과책임에 기반하여 정량지표(KPI) 후보를 도출한다. 예를 들어보자. 인사팀의 첫 번째 성과책임은 '자발적 동기부여 메커니즘을 구축한다'라고 규명하였다. 그렇다면 해당 성과책임의 달성여부를 측정할 수 있는 정량지표가 무엇인지에 대해서 검토하는 것이다. 만약 없다면 패스해도 좋다. 모든 성과책임에 대해서 정량지표가 존재하는 것은 아니기 때문이다. 두 번째 성과책임은 '인사관리의 공정성을 높인다'라고 규명하였다. 해당 성과책임의 달성여부를 측정할 수 있는 정량지표가 있는지 검토한다. 검토 결과 '성과관리 개선도'라는 정량지표가 도출되었다. 그리고 해당 정량지표에 대한 지표산식과 정의를 작성한다. 이와 같은 방식으로 각각의 성과책임에 대해서 정량지표가 존재하는지를 검토하는 것이다. 결론적으로 정량지표는 그럴싸한 지표를 도출하는 것이 아니라 성과책임의 달성여부를 측정할 수 있는 지표를 도출하는 것이라고 이해해야 한다.

그림 34 2단계 : 팀기준 정량적 평가지표 도출

인사팀 성과책임				
1. 자발적 동기부여 메커니즘을 구축한다. 2. 인사관리의 공정성을 높인다. 3. 조직에 적합한 우수인재를 확보한다. 4. 핵심인재를 육성한다. 5. 노사간 신뢰를 제고한다. 6. 인사관리의 노동법적 안정성을 제고한다. 7. 인사팀 구성원의 역량을 향상시킨다.				
순서	팀 성과책임	평가지표명	지표산식	지표정의
1	자발적 동기부여 메커니즘을 구축한다.	–	–	–
2	인사관리의 공정성을 높인다.	성과관리 개선도	성과관리 서베이 지수	• 성과관리 개선을 나타내는 지표로서 구성원을 대상으로 시행한 성과관리 서베이 조사 지수
3	조직에 적합한 우수인재를 확보한다.	신입사원 퇴직률	(퇴직 신입사원 /입사 신입사원)×100	• 신입사원의 정착수준을 파악하기 위한 지표로서 입사신입사원 대비 퇴직 신입사원의 비율
4	핵심인재를 육성한다.			
5	노사간 신뢰를 제고한다.	–	–	–
6	인사관리의 노동법적 안정성을 제고한다.	퇴직업무 지연율	(퇴직업무지연건수 /총 퇴직업무처리건수)×100	• 적법한 퇴직업무처리를 파악하기 위한 지표로서 총 퇴직건수 대비 퇴직업무지연건수의 비율 ※ 퇴직업무지연 건수는 퇴직 후 14일 이내에 임금, 보상금, 그 밖에 일체의 금품을 지급하지 아니한 경우
		급여 오류율	(급여오류건수 /총 급여지급건수)×100	• 급여지급의 정확성을 나타내는 지표로서 총 급여지급건수 대비 급여오류건수의 비율
		4대보험 수정신고율	(4대보험 수정신고건수 /총 4대보험신고건수)×100	• 4대보험 신고의 정확성을 나타내는 지료로서 총 4대보험신고건수 대비 수정신고건수의 비율 ※ 4대보험 수정신고건수는 4대보험 수정신고로 인하여 과태료를 납부한 경우
7	인사팀 구성원의 역량을 향상시킨다.	학습 이수율	(전직원 학습실행시간 /전직원 학습계획시간)×100	• 학습이행 정도를 나타내는 지표로서 전직원 학습계획시간 대비 전직원 학습실행시간의 비율 ※ 교육훈련시간에는 법정의무교육시간도 포함됨

3단계이다. 성과목표 합의 시 도출한 정량지표를 적절히 활용하는 것이다. 예를 들어 보자. 연초에 인사담당이 '경력사원의 안정적 운영'이라는 실행과제를 성과목표를 수립하였다. 이러한 경우 인사담당의 '경력사원의 안정적 운영'이라는 성과목표는 '경력사원 유지율'이라는 정량지표를 활용하여 평가하는 것이 가능할 것이다. 정량지표 선택 시 2단계에서 도출한 팀기준 정량지표를 활용하거나 만약 팀기준 정량지표에서 적정한 지표가 없다면 새롭게 추가할 수도 있을 것이다. 가장 바람직하지 않은 모습은 구성원 개인에게 정량지표를 강제로 할당하는 방식이다. 사실 많은 기업들이 개인에게 정량지표를 부여하고 정량지표를 통해 평가하는 방식을 선택하고 있다. 그러나 개인에게 정량지표를 부여하게 되면 인사평가가 정량지표에 매몰되는 문제를 발생시키게 된다. 우리는 이점에 각별히 유의해야 한다.

지금까지 정량지표(KPI)이 실무적 활용방법에 대하여 살펴보았다. 정량지표는 '칼'과 같다고 생각한다. 잘 쓰면 유익하지만 잘못 사용하게 되면 사람을 다치게 할 수 있다. 따라서 인사평가 제도 설계 시 정량과 정성의 조화라는 큰 방향성을 바라보면서 정량지표를 적절히 활용할 수 있도록 해야 할 것이다.

그림 35 3단계 : 성과목표 합의 시 적정한 정량지표 활용 목표합의서–인사팀원(예시)

NO	중점추진과제(성과목표)	세부추진계획	평가비중	평가지표	목표수준	기한	조직목표 해당
1	경력사원의 안정적 운영	• 경력사원의 인재상과 인적요건에 대한 구체적인 기준을 마련하고 경력사원 정기면담제도 시행계획을 수립하여 시행함	10%	경력사원 유지율 [정성 · **정량**]	경력사원 유지율 70%	12월말	○
			10%	업무완성도 [**정성** · 정량]	경력사원 면담제도가 시행되고 경력사원이 안정적으로 정착함		
2	신입사원 면접 제도 개선	• 신입사원 채용 면접 시 프리젠테이션 면접, 집단토론면접 등을 도입하여 당사에 적합한 핵심인재를 확보함	20%	업무완성도 [**정성** · 정량]	프리젠테이션 면접과 집단토론 면접제도를 도입하고 인재의 수준을 향상시킴	6월말	○
3	인사평가제도 개편방향 수립	• 외부 컨설팅 기관을 통하여 현재 인사평가제도의 문제점을 진단하고 인사평가제도 향후 개편방향을 수립함	20%	업무완성도 [**정성** · 정량]	당사에 적합한 인사제도 개편 방향성을 수립함	6월말	
4	보상제도 전산프로그램 개발	• 기본인적사항관리, 근태관리, 임금관리, 연차관리 등을 수행할 수 있는 보상제도 전산프로그램 개발을 연말까지 완료함	10%	전산프로그램 개발 진행률 [정성 · **정량**]	연말까지 100%개발	12월말	○
			10%	업무완성도 [**정성** · 정량]	급여지급의 효율성과 법적 안정성을 확보한 급여프로그램을 도입함		
5	선택적 근로시간제 도입	• 선택적 근로시간제 도입과 관련하여 근로자대표의 서면합의 등 절차를 진행하고 근로시간관리 전산시스템을 구축함	10%	제도도입 여부 [정성 · **정량**]	6월말까지 선택적 근로시간제를 도입함	6월말	○
			20%	업무완성도 [**정성** · 정량]	일가정 양립 및 생산성을 제고하는 선택적 근로시간제를 도입하고 정착시킴		
			100%				

4 평가의 본질은 객관일까? 주관일까?

우리는 인사평가와 관련하여 이런 말을 자주 듣게 된다. "평가를 객관적으로 해야 합니다." 여러분은 과연 이 말에 동의하는가? 평가의 본질은 객관(客觀)일까? 주관(主觀)일까? 먼저 결론부터 말하자면 평가의 본질은 '주관'이다. 왜 평가의 본질이 주관일까? 그 근거에 대해서 깊이 있게 살펴보고자 한다.

먼저 사전적 정의부터 살펴보자 '객관적'이란 자기와의 관계에서 벗어나 제3자의 입장에서 사물을 보거나 생각하는 것을 의미한다. '주관적'이란 자기의 견해나 관점을 기초로 하는 것을 의미한다. 쉽게 말하자면 객관은 제3자의 관점, 주관은 나의 관점이다.

그렇다면 인사평가란 무엇인가? 구성원의 업무수행에 대한 리더의 의견이다. 그것이 인사평가이다. 따라서 인사평가의 본질이 '주관'이 되는 것이다. 피터 드러커 박사는 '매니지먼트'(1993)에서 이렇게 말했다.

> **• 관리수단은 객관적일 수도 중립적일 수도 없다**
> 물리적 현상을 측정하는 것은 객관적이고 중립적이다.
> 그러나 복잡성의 지각적 상황, 즉 우리가 기업에서 다루는 종류의 어떤 사회적 상황에서도 측정 행위는 객관적이지도 않고 중립적이지도 않다. 그것은 주관적이고 편향적인 것이다.

- **Control can be neither objectives nor neutral**

Measuring physical phenomena is both objective and neutral. In a perceptual situation of complexity, that is, in any social situation of the kind we deal with in a enterprise, the act of measurement is, however, neither objective and neutral. It is subjective and of necessity of biased.

(MANAGEMENT, Peter F. Drucker, 496 page)

즉, 피터 드러커 박사는 물리적 현상을 측정하는 것은 객관적일 수 있지만 기업에서의 다양한 현상의 측정행위는 주관적이라고 명확히 말하고 있다. 따라서 기업의 인사관리 활동 중 핵심적인 인사평가 또한 주관적인 것이다. 객관과 주관에 대해서 다시 한번 깊은 울림을 주는 주장이라고 생각한다.

그러나 대부분의 사람들은 인사평가의 본질이 객관이라고 말한다. 만약 인사평가의 본질이 객관이라면 어떤 일이 발생할까? 객관은 제3자의 관점이다. 과연 제3자의 관점에서 인사평가를 하는 것이 가능할까? 여러분이 리더라고 가정해보자. 함께 일한 구성원에 대하여 제3자의 관점에서 의견을 말해 보자. 이러한 접근은 논리적으로 성립하지 않는다. 그렇다면 '객관적 평가'라는 표현은 어떤 의미를 갖고 있을까? 필자는 '객관적 평가'라는 것이 '공정한 평가'를 의미한다고 생각한다. 즉, 자의적인 불공정한 평가를 하지 말라는 의미이다.

객관과 주관에 대한 오해에 대해서 몇 가지 더 살펴보고자 한다.

첫 번째 '객관'과 '주관'은 서로 분리된 개념이라는 생각이다. 그러나 사실 '객관'과 '주관'은 서로 연결된 개념이다.

예를 들어보자. 우리는 영화를 볼 때 일반적으로 '평점'을 확인한다. 5점 만점에 4.3점이라고 가정해보자. 4.3점은 객관일까? 주관일까? 많은 사람들은 객관적 숫자라고 말한다. 그러나 다시 한번 생각해 보자. 4.3점은 영화를 본 많은 사람들의 주관적 점수이다. 즉, 개인의 주관이 모여 객관을 만드는 것이다. 우리가 객관이라고 말하는 많은 사실이 주관인 경우가 많이 존재한다. 회사에서 조직진단을 한다고 가정해 보자. 조직만족도가 5점 만점에 3.2점이 나왔다고 가정해 보자. 마찬가지로 구성원들은 객관적인 점수라고 말한다. 그러나 이 또한 구성원들의 주관적 점수에 불과하다. 결론적으로 주관과 객관은 서로 분리된 개념이 아니라 연결된 개념이다. 즉 '주관'이 모여서 '객관'을 형성하기도 하는 것이다.

두 번째 숫자가 객관이며 객관적인 것이 공정하다고 생각한다. 이러한 접근에서 모든 것을 숫자로 표현하려고 한다. 객관화를 위해서 계량화에 매몰되는 현상이 발생하는 것이다. 아마도 이 문장이 큰 영향을 준 것으로 생각된다. "측정할 수 없는 것은 관리할 수 없다" 혹자는 피터 드러커 박사가 이렇게 말했다고 주장하지만 사실 피터 드러커 박사는 이런 말을 한 사실이 없다. 오히려 이렇게 말했다.

- **관리는 측정가능한 것 뿐 아니라 측정불가능한 것에 대해서도 필요하다.**
다른 기관과 마찬가지로 조직에는 측정불가능한 중요한 결과가 있다.
따라서 측정 가능한 것과 측정 불가능한 것 사이의 균형은 경영의 중요하고도 지속적인 문제이다. 그리고 이것이 진정한 의사결정 영역이다.

- **Control are needed for measurable and nonmeasurable events.**
Business, like any other institution, has important results that are

incapable of being measured. A balance between the measurable and nonmeasurable is therefore a central and contant problem of management and a true decision area.

(MANAGEMENT, Peter F. Drucker, 497~498 page)

측정할 수 있는 것과 측정 할 수 없는 것의 균형이 중요하다는 것이다. 그러나 우리는 지금까지 계량화를 통해서 측정하려고 노력했다. 우리 일터의 대부분의 업무는 측정가능하지 않다.

[표 15] [객관 · 계량 · 정량] vs. [주관 · 비계량 · 정성]

단어	사전적 의미
객관적 (客觀的)	자기와의 관계에서 벗어나 제3자의 입장에서 사물을 보고나 생각하는 것
계량적 (計量的)	수량을 헤아리는 것
정량적 (定量的)	양을 헤아려 정하는 것

단어	사전적 의미
주관적 (主觀的)	자기의 견해나 관점을 기초로 하는 것
비계량적 (非計量的)	수량을 헤아리지 않는 것
정성적 (定性的)	성분이나 성질을 밝히는 것

지금까지 '객관'과 '주관'에 대해서 살펴보았다. 우리는 인사평가를 '주관'에서 '객관'으로 변화시키려고 노력했다. 이러한 과정에서 계량화가 등장했다. 그러나 인사평가의 본질이 주관이기 때문에 인사평가를 객관으로 변화시키려는 시도는 실패로 돌아갔다. 이제 인사평가의 본질이 '주관'이라는 것을 인정해야한다. 그리고 '주관'을 어떻게 공정하게 할 수 있을지에 대한 고민을 시작해야 할 것이다.

5 주관적 평가를 어떻게 공정하게 할 수 있을까?

평가의 본질이 주관(主觀)이라면 이제 주관적 평가를 어떻게 공정하게 할 것인가에 대해서 고민해야 한다. 주관적 평가는 결코 불공정한 평가가 아니다. 많은 사람이 불공정한 주관적 평가를 경험하였던 것이다. 주관적 평가와 관련하여 대법원의 판단도 큰 의미가 있을 것 같다. 즉, 대법원도 주관적 평가의 공정성을 인정하고 있다는 것을 확인할 수 있다.

대법원 2012.7.12. 선고, 2012다31949판결

근로의 양과 질에 대한 평가에는 수치로 계량되는 객관적인 실적뿐만 아니라 기업조직에의 융화 정도 등 수치로 계량화할 수 없는 부분에 대한 주관적인 평가도 포함되는 것이므로, 일부 평가 항목에 관하여 객관적인 판단기준이 마련되어 있지 않아 상급자의 주관적인 평가에 좌우될 우려가 있다는 사정만으로 근무평정기준이 부당하다고 보기 어렵다.

주관적 평가와 관련하여 한 가지 중요한 사항이 있다. 바로 '주관적'과 '자의적'에 대한 차이를 이해하는 것이다.

[표 16] 주관적 vs. 자의적

주관적(主觀的)	자의적(恣意的)
자기의 견해나 관점을 기초로 하는 것	일정한 질서를 무시하고 제멋대로 하는 것

'주관적'이란 '자기의 견해나 관점을 기초로 하는 것'을 말한다. 반면에 '자의적'이란 '일정한 질서를 무시하고 제멋대로 하는 것'을 말한다. 즉, 우리가 하지 말아야 할 평가는 주관적 평가가 아니라 바로 자의적 평가인 것이다. 우리는 지금까지 불공정한 자의적 평가를 경험했다. 업무를 정상적으로 수행하였음에도 불구하고 리더의 마음에 들지 않았다는 이유만으로 저평가를 받은 적이 있을 것이다. 이런 경험에서 주관적 평가와 자의적 평가가 동의어라고 생각했다. 따라서 이제부터 주관적 평가와 자의적 평가를 구분하여 사용하는 것이 반드시 필요하다.

그렇다면 어떻게 주관적 평가를 공정하게 할 수 있을까?

첫 번째 '객관적 근거(fact)'에 기반한 평가이다. 주관적 평가를 다시 정의하자면 '객관적 근거(fact)에 기반하여 주관적 의견(review)을 말하는 것'이라고 볼 수 있다. 즉, 가장 중요한 것은 객관적 근거이다. 예를 들어보자. 우리는 연말에 다음해 경제상황을 예측하는 인터뷰를 보게 된다.

앵커 : 안녕하세요? 오늘은 연세대학교 성○○교수님을 모시고 내년 경제상황에 대해서 예측해 보도록 하겠습니다. 안녕하세요? 성○○교수님

성교수 : 네 안녕하세요?

앵커 : 내년도 경제 어떻게 예상하시나요?

성교수 : 네 내년도는 유가의 변동이 심상치 않습니다. 현재보다 배럴당 80달러선에서 약 20%이상 상승한 100달러정도 될 것으로 예상됩니다. 그리고 한국은행 기준금리가 현재 3.0%에서 1%이상 상승할 것으로 보입니다. 또한 기업경기실사지수(BSI)가 95로 조사되었는데 100미만이면 경기를 부정적으로 본다는 의미입니다. 이러한 내용을 종합적으로 고려할 때 내년도는 경기가 올해보다 매우 악화될 것으로 보입니다.

상기 인터뷰에서 성○○교수는 본인의 주관적인 의견을 말하고 있다. 그러나 유가상승, 금리상승, 기업경기실사지수(BSI)지수 등 객관적 근거(fact)를 제시하고 있다. 우리는 주관적 의견에 동의하는 이유는 객관적 근거를 제시하기 때문이다. 그렇다면 주관적 인사평가를 어떻게 해야 할까? 구체적인 업무수행 사실(객관적 근거)을 바탕으로 주관적 평가를 해야 한다. 객관적 근거의 핵심은 바로 '목표합의'와 '수시코칭 기록'이다. 막연한 주관적 평가가 아니라 '목표합의'와 '수시코칭 기록'을 근거로 주관적 의견을 개진해야 하는 것이다.

두 번째 '예측가능성'이다. 주관적 평가에서 가장 주의해야 할 것은 'surprise'이다. 평소에 아무런 메시지를 주지 않다가 갑작스럽게 인사평가 결과를 전달하면 어떻게 될까? 아마도 피평가자는 이러한 'surprise' 평가를 받아들이지 않을 것이다. 따라서 주관적 평가의 경우 지속적으로 예측가능성을 높여주어야 한다. 필자는 '예측가능성'을 '네비게이션 효과'라고 부른다. 우리가 약속장소에 갈 때 아는 길도 네비게이션을 활용한다. 네비게이션이 도착 예정시간을 알려주기 때문이다. 네비게이션을 사용하게 되면 늦을 경우 미리 예상할 수 있고 놀라지 않는다. 이와 같이 주관적 평가는 예측가능성을 높여서 피평가자가 놀라지 않도록 해야 한다. 그렇다면 실무적으로 어떤 변화가 필요할까? 수시코칭이 활성화되어야 한다. 수시코칭을 통해서 지속적으로 성과목표별로 의견을 전달하여 본인의 평가결과를 예측할 수 있도록 해야 한다. 수시코칭의 활성화를 통한 예측가능성의 제고가 주관적 평가에서 매우 중요한 요소라는 점을 기억해야 한다.

세 번째 '리더의 전문성'이다. 예를 들어보자. 여러분이 테니스를 배우기 위해 테니스 레슨을 등록했다고 가정해 보자. 테니스 자세에 대해서 테니스 코치가 여러 가지 의견을 줄 것이다. '팔을 좀 더 끝까지 펴라, 공에서 시선을 떼지 마라 등등' 이러한 의견은 주관적 평가이다. 우리가 이러한 주관적 평가를 받아들이는 이유는 무엇일까? 바로 테니스 코치가 전문성이 높기 때문이다. 즉, 나보다 테니스를 잘 치기 때문인 것이다. 만약 오늘 테니스 레슨을 등록한 초보자가 여러분에게 주관적 평가 한다면 어떻게 될까? 결코 그 의견을 받아들이지 않고 속으로 이렇게 이야기 할 것이다. '본인이나 잘 하세요' 그렇다면 일터의 주관적 평가는 어떤 변화가 필요할까? 바로 리더의 전문성 제고이다. 리더가 해당 구성원보다 전문성이 높아야 한다. 그러나 우리나라 기업의 경우 리더가 구성원보다 전문성인 낮은 경우가 많다. 이러한 상황에서 주관적 평가의 공정성을 높이는 것은 쉽지 않다. 그렇다면 전문성을 높이기 위해서는 어떻게 해야 할까? 인사관리의 근본적인 변화가 필요하다. 바로 직무주의 인사관리를 시행해야 한다. 아직도 많은 기업들이 순환보직을 통한 속인주의 인사관리를 하고 있다. 속인주의 인사관리는 직무의 전문성을 높이기 매우 어렵다. 직무주의 인사관리를 통하여 스페셜리스트(specialist)를 육성하는 것이 매우 중요하다. 외국계 기업의 경우 통상적으로 리더가 해당분야에서 가장 높은 전문성을 가지고 있다. 이러한 높은 전문성을 바탕으로 리더가 실질적인 코치로서의 역할을 할 수 있는 것이다. 이제 우리나라도 직무주의 인사관리를 통하여 직무의 전문성을 높여 나가야 한다. 이러한 변화를 통하여 주관적 평가의 공정성을 제고할 수 있을 것이다.

Chapter

VII

다섯 번째 솔루션

다면평가를 적극 활용하자

1 다면평가를 왜 하는가?

그림 36 다면평가 개요

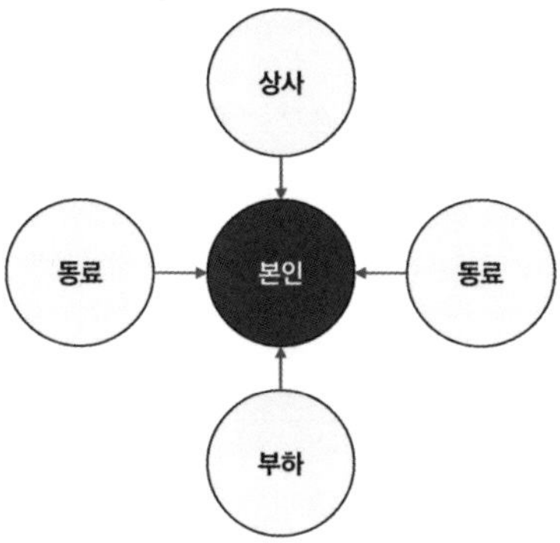

다면평가의 정의

다면평가란 상사, 동료, 부하, 본인, 고객 등 다양한 평가주체들이 참여하여 평가하는 제도를 말함(Multi-rater assessment, 360-degree appraisal)

다면평가의 목적

다면평가는 평가자의 관점을 확대함으로써 상호간 성장에 기여, 협력적 조직문화의 구축, 조직의 소통 강화 등의 목적으로 시행됨

최근 다면평가가 다시 주목받고 있다. 상사평가의 한계를 인식한 기업들이 다면평가를 적극적으로 도입하고 있는 것으로 보인다. 다면평가란 '상사, 동료, 부하, 본인, 고객 등 다양한 평가 주체들이 참여하여 평가하는 제도'를 말한다. 다면평가의 목적은 매우 다양할 수 있지만 상호간 성장에 기여, 협력적 조직문화의 구축, 조직의 소통 강화 등을 꼽을 수 있다.

좀 더 쉽게 설명하자면 다면평가란 '다양한 측면의 의견을 통해 소통과 협력을 강화하고 서로 성장에 도움을 주기 위한 활동'이라고 볼 수 있다.

다면평가는 동료 코칭, 동료 코멘트, 피어 리뷰(peer review) 등 다양한 용어로 사용되고 있다. '평가'라는 단어가 주는 부정적인 이미지 때문인 것으로 보인다.

먼저 다면평가와 관련하여 몇 가지 핵심이슈에 대해서 살펴보자.

첫 번째 다면평가를 상사평가를 보완하는 수단으로 활용하는 것은 매우 바람직하지 않다. 많은 기업들이 다면평가에 평가비중을 설정한다. 예를 들어 '성과평가 40%, 역량평가 40% 다면평가 20% 총계 100%'라고 설계하는 것이다. 상사평가인 성과평가와 역량평가의 공정성이 낮기 때문에 다면평가를 통하여 보완하고자 하는 것이다. 그러나 이러한 접근이 다면평가를 실패로 이끄는 대표적인 경우이다. '성과평가 40%, 역량평가 40%, 다면평가 20%'로 설계한 평가제도를 통하여 평가등급이 'B등급'이 나왔다고 가정해 보자. 'B등급'은 무슨 의미가 있을까? 필자는 이러한 결과를 '믹서기'라고 말한다. 사과, 배, 키위를 믹서기에 넣고 돌리면 과일쥬스가 나온다. 그러나 '사과 맛'과 '배 맛'과 '키위 맛'을 정확히 설명하기 어렵다. 마찬가지다. 다면평가에 대해 일정 평가비중을 설정하게 되면 다면평가는 고유한 목적을 유지하기 매우 어렵게 된다.

또한 이러한 다면평가가 결코 상사평가(성과평가, 역량평가)의 공정성을 높이는데 도움이 되지 않는다. 우리가 반드시 기억할 것이 있다. 상사평가의 공정성은 상사평가의 변화를 통하여 높여나가야 한다는 점이다. 따라서 다면평가는 평가비중을 설정하지 말고 상사평가와 완전히 분리하는 것이 바람직하다.

두 번째 다면평가는 점수 방식보다는 서술형 방식으로 진행하는 것이 바람직하다. 기존에 많은 기업들은 다면평가 시 점수를 부여했다. 그러나 최근에는 서술형 방식을 선택하는 기업이 증가하고 있다. 왜 이런 변화가 일어날까? 다면평가를 통해 구성원의 행동변화를 유도하기 위해서이다. 구성원의 행동변화는 매우 어려운 문제이다. 예를 들어 보자. 만약 상사가 여러분에게 '다른 사람을 배려하면서 일했으면 좋겠다'라고 말한다면 여러분은 어떤 생각이 드는가?

아마도 받아들이기 쉽지 않을 것이다. 상사의 개인적인 의견이기 때문에 반발심이 강하게 일어날 가능성이 높다. 그러나 다면평가를 통해서 여러분의 동료가 동일하게 이런 메시지를 준다면 어떨까? '일을 할 때 좀 더 다른 사람을 배려해 주세요' '업무를 할 때 동료를 신경 써 주세요' '너무 이기적으로 일하지 않았으면 좋겠습니다' '좀 더 협력적으로 일해 주세요' 한명이 아니라 여러 명의 동료가 동일한 관점의 의견을 준다면 거부하기가 쉽지 않을 것이다. 또한 다면평가자가 내가 선정한 다면평가자 Pool에서 선정된 사람이라면 더욱 설득력이 높아질 것이다. 따라서 최근 기업은 서술형 다면평가를 통해서 구성원의 바람직한 행동변화를 촉진하려는 노력을 기울이고 있다고 볼 수 있다.

세 번째 다면평가는 성과가 아니라 역량에 적용하는 것이 타당하다. 컨설팅을 진행하다 보면 다면평가를 성과평가에 적용하는 기업을 종종 보게 된다. 그러나 이러한 접근은 다면평가에 대한 오해에서 비롯된 것이다. 나의 성과는 나의 리더만이 정확히 알 수 있다. 바로 옆에서 일하는 동료라 하더라도 나의 성과가 무엇인지 알기 어렵다. 따라서 성과평가에 대한 평가권은 직상위 리더가 가져야 한다. 그러나 역량은 좀 다르다. 역량은 행동으로 나타나기 때문에 많은 동료들이 역량을 관찰할 수 있다. 특히 핵심공통역량의 경우 동료들이 충분히 의견을 줄 수 있다. 예를 들어 핵심역량이 '도전, 협력, 프로정신'인 기업이 있다고 가정해 보자. 구성원들은 서로 '도전, 협력, 프로정신'의 발휘에 대해서 평소 관찰한 내용을 의견으로 전달하는 것이 가능할 것이다. 따라서 다면평가는 역량을 대상으로 시행하여야 한다.

네 번째 다면평가 결과는 보상이 아니라 육성에 반영하는 것이 바람직하다. 일부 기업이 다면평가를 보상에 반영했다가 큰 어려움을 겪은 사례가 있다. 만약 다면평가 결과를 보상에 반영하면 어떻게 될까? 누구나 더 높은 연봉을 받고 싶어 한다. 이러한 상황에서 다면평가를 연봉과 연계하게 되면 동료에 대한 공정한 다면평가는 사실상 어렵게 될 것이다. 매우 당연한 이야기이다. 따라서 다면평가는 경력개발 등 육성에 반영하는 것이 타당하다. 동료의 의견을 경력개발에 반영하는 것이다. 나아가 승진심사 시 별도의 다면평가단을 구성하여 승진다면평가를 시행하는 것도 매우 바람직하다. 승진심사 시 인사평가의 비중을 낮추고 별도로 시행하는 승진다면평가의 비중을 높이는 기업이 증가하고 있다. 승진 시 인사평가 비중을 낮춤으로써 인사평가 시 승진자 우대현상을 해소할 수 있다. 또한 승진 시 시행하는 별도의 승진다면평가는 조직 내 협력을 높이는 역할을 하게 된다. 왜냐하면 승진을 하기 위해서 승진다면평가 시 높은 점수가 필요하기 때문에 평소 협력적인 태도를 유지하는 것이 중요하기 때문이다.

2 다면평가 사례

기업은 다양한 방식을 통해 다면평가를 도입하고 있다. 그럼 이제 실제 기업의 사례를 통하여 다면평가에 대하여 살펴보자.

그림 37 강점과 보완점을 서로 공유하는 동료코칭

SK innovation

강점과 보완점을 서로 공유하는 동료코칭

동료코칭 구성

1. Keyword Review
- 해당 구성원에 대한 관찰 결과를 기반으로 강점과 보완점을 각각 최소 2개 이상 선택해 주시기 바랍니다

Learning Agility	강점	보완점	변화추구	강점	보완점
창의성	강점	보완점	성실성	강점	보완점
분석력	강점	보완점	지식·스킬 전수	강점	보완점
전사적관점	강점	보완점	고객·현장중심	강점	보완점
도전·Risk-taking	강점	보완점	업무전문성	강점	보완점
Detail	강점	보완점	Globality	강점	보완점

※ 그외 Keyword 입력(선택사항) : 강점( ), 보완점( )

2. 동료 구성원의 육성·성장을 위한 Review의견(서술-선택사항)
3. 해당 구성원에 대한 리더에게 건의사항 또는 리더가 알았으면 하는 내용이 있다면 작성해 주시기 바랍니다(서술-선택사항)

주1) 응답자는 연중 협업한 동료 Pool 내에서 선택(인당 5~6명)

동료코칭 결과 활용

1. Keyword Review
- 본인·리더에게 익명으로 공유
- 취합 결과를 Demographics방식으로 공유
  : Keyword선택 결과를 전달하여 강점·보완점 파악

2. 동료 구성원의 육성·성장을 위한 Review의견
- 본인·리더에게 익명으로 공유

3. 구성원에 대한 건의사항
- 리더에게만 익명으로 공유

※ 월간 인사관리 2021년 8월호 수정 인용

상기 사례는 SK이노베이션의 다면평가 사례이며 제도의 특징에 대해서 살펴보자.

첫 번째, 다면평가라는 용어를 사용하지 않고 동료코칭이라고 부르는 점에 주목할 필요가 있다. '평가'라는 단어가 주는 부정적인 이미지 때문에 '동료코칭', '동료 코멘트', '피어 리뷰'라고 부르는 기업이 증가하고 있다. 개인적인 생각으로는 '동료 코멘트'라는 표현이 가장 무난하다고 생각한다. '동료 코멘트'라는 표현은 '의견을 전달한다'라는 컨셉을 만들 수 있으며 점수방식이 아니라 서술방식이라는 것을 자연스럽게 표현할 수 있다. 물론 '동료코칭'이라는 표현도 '동료간 서로 돕는다'는 관점에서 괜찮은 명칭이라고 생각한다.

두 번째, 장점과 보완점을 2개 이상 선택하도록 한다. 자신의 강점과 보완점을 동료의 의견을 통해서 파악하게 하는 방식이다. 상기 사례를 살펴보면 강점은 '도전-Risk taking, 변화추구'이고, 보완점은 '창의성, 업무전문성'을 선택했다. 이러한 접근을 통해 강점을 강화하는 전략이 가능할 것으로 보인다. 조직은 먼저 직원의 강점을 파악해야 한다. 왜냐하면 강점을 통해서 생산성이 높아지기 때문이다. 자신의 강점에 맞는 일을 하는 것이 바로 적재적소(適材適所)라고 볼 수 있다. 그렇다면 보완점은 어떻게 하는 것이 좋을까? 아무리 보완점을 강화한다고 해도 쉽게 생산성이 올라가지 않는다. 누구나 약점을 가지고 있다는 점을 인식하는 것이 매우 중요하다. 약점의 경우 적극적으로 개발하는 관점보다는 강점을 더욱 강화하기 위해서 강점과 관련된 약점을 보완하는 수준으로 접근하는 것이 바람직하다고 생각한다.

세 번째, 동료 구성원의 육성과 성장을 위한 Review의견을 적고 있다. 동료코칭이 동료를 돕는다는 관점에서 시작되었다는 것을 잘 알 수 있다. 서술형 방식의 코멘트를 통해서 동료의 행동의 변화를 기대하는 것이라 볼 수 있다. 이런 Review는 공식적으로 익명으로 본인과 리더에게 공유한다.

네 번째, 해당직원에 대하여 리더가 알았으면 하는 사항을 작성한다. 최근 일터가 개인화되면서 리더가 구성원에 대한 정보(건강 · 취미 · 가족 등)가 거의 전무한 상태에서 일하는 경우가 많다. 리더가 구성원에 대해서 너무 모르기 때문에 인사관리 과정에서 다양한 문제가 발생하고 있다. 따라서 다면코칭을 리더가 구성원에 대한 정보를 얻는 기회로 활용하고 있는 것으로 보인다.

지금까지 SK이노베이션의 다면평가에 대해서 살펴보았다. 다면평가 역시 정형화된 기준이 있는 것이 아니라 우리 회사에 맞는 다면평가를 만들어 나가는 것이 중요하다. 다면평가를 통해 협력, 상호성장, 소통강화라는 다양한 효과를 얻기를 기대해 본다.

3 동료 다면평가자 구성

동료 다면평가제도의 핵심은 다면평가자 구성방식이라고 볼 수 있다. 상향 다면평가의 경우 부하직원이 상사를 평가하기 때문에 다면평가자가 자동으로 결정된다.(예 : 피평가자–팀장, 다면평가자–팀원) 그러나 동료 다면평가의 경우 다면평자를 누구를 한 것인가는 매우 중요한 이슈이며 복잡한 이슈이다. 동료 다면평가가 구성방식은 크게 3가지로 구분된다.

[표 17] 동료 다면평가자 구성

구분	인사팀이 다면평가자 무작위 선정	피평가자가 다면평가자 선정	피평가자가 다면평가자 후보군을 선정한 후 무작위 선정
개념	• 인사팀이 다면평가자를 다면평가 시행 전 무작위(random)로 선정하는 방식	• 피평가자가 다면평가자를 다면평가 시행 전 선정하는 방식	• 피평가자가 먼저 다면평가자 후보군(pool)을 선정한 후 무작위로 다면평가자를 선정하는 방식
장점	• 피평가자 입장에서 사전에 다면평가자를 알 수 없기 때문에 서로 봐주기식 다면평가를 방지할 수 있음	• 피평가자가 직접 선정한 다면평가자이기 때문에 다면평가 결과에 대한 수용성이 높음	• 다면평가 결과에 대한 수용성이 높으며 서로 봐주시기 다면평가를 방지할 수 있음
단점	• 업무 관련성이 없는 경우가 발생할 경우 다면평가의 실효성과 수용성 문제가 발생할 수 있음(본인을 전혀 모르는 사람이 다면평가자가 되는 경우가 발생함)	• 피평가자와 다면평가자가 서로 봐주기식 접근을 할 경우 다면평가의 목적이 상실됨	• 다면평가자 후보군을 통해서 다면평가자를 선정해야 하기 때문에 다면평가 진행의 번거로움이 있음
			채택

첫 번째, 인사팀이 다면평가자를 무작위로 선정하는 방식이다. 이 방식은 피평가자 입장에서 사전에 다면평가자가 누구인지 전혀 알 수 없다. 따라서 서로 봐주기식 다면평가를 예방하는 것은 가능하다. 그러나 만약 인사팀이 무작위로 선정한 다면평가자가 업무관련성이 없는 경우에는 다면평가 결과에 대한 수용성 문제가 발생할 수 있다. 실제로 이러한 방식을 선택한 회사의 경우 '나를 전혀 모르는 사람이 다면평가를 하는 것이 타당하냐?'라는 문제제기가 발생하곤 한다.

두 번째는 피평가자가 다면평가자를 선정하는 방식이다. 이 방식은 피평가자가 직접 선정한 다면평가자가 평가를 하게 된다. 따라서 다면평가 결과에 대한 수용성이 높게 나타난다. 즉, 내가 선정한 다면평가자이기 때문에 다면평가 의견을 받아들이기가 좀 더 쉬울 것이다. 그러나 피평가자와 다면평가자가 서로 봐주기식 접근을 할 경우 다면평가는 형식적으로 이루어지며 결국 다면평가의 목적을 상실할 가능성이 높다. 쉽게 말해 서로 짜고치기식 다면평가가 이루어지는 것이다. 실제로 이러한 방식을 선택한 회사의 경우 서로 다면평가자로 선정한 후 서로 봐주기식 다면평가가 이루어지는 경우가 많다.

세 번째는 피평가자가 다면평가자 후보군(pool)을 선정한 후 무작위로 다면평가자를 선정하는 방식이다. 이 방식은 피평가자가 선정한 다면평가 중에서 최종 다면평가자가 선정되기 때문에 일단 다면평가 결과에 대한 수용성이 높은 편이다. 또한 사전에 다면평가자가 결정되지 않기 때문에 서로 봐주기기 다면평가가 일어날 가능성이 낮다. 다만 먼저 다면평가자 후보군(pool)을 선정하는 절차와 최종 다면평가자를 무작위로 선정하는 절차가 별도로 진행되어야 하기 때문에 다면평가 업무진행의 번거로움이 큰 편이다.

최근 동료 다면평가자 선정방식으로 세 번째 방식을 선정하는 기업이 증가하고 있다. 필자의 경험도 조금 번거로움이 있지만 먼저 다면평가자 후보군(pool)을 선정한 후 최종 다면평가자를 결정하는 방식(세 번째 방식)이 타당하나고 생삭한다. 또한 동료 다면평가는 전산시스템을 통해서 이루어지기 때문에 생각보다 번거로움은 크지 않을 수 있다. 마지막으로 강조하고 싶은 점은 어떠한 방식을 선택하든지 조직의 특성과 직무의 특성을 세심하게 고려하는 노력을 기울여야 한다는 것이다.

4 다면평가 시행 시 실무적 이슈

다면평가 시행 시 발생하는 실무적 이슈에 대해서 살펴보기로 하자.

그림 38 다면평가 양식(예시)

1. 역량별 평가

구분	역량정의	관점	의견	점수
열정	회사의 비전과 부서의 전략 및 목표를 정확히 이해하고 이의 현실화를 위하여 주도적으로 업무를 수행하고, 전방위적으로 최선을 다하는 역량	칭찬하고 싶은 측면		기대초과(3) 기대충족(2) 기대미흡(1)
		개선을 요구하고 싶은 측면		기대초과(3) 기대충족(2) 기대미흡(1)
윤리의식	조직 구성원으로서 개인/부서의 사적 이익보다는 법과 회사의 규정을 준수하는 행동태도를 보이는 역량	칭찬하고 싶은 측면		기대초과(3) 기대충족(2) 기대미흡(1)
		개선을 요구하고 싶은 측면		기대초과(3) 기대충족(2) 기대미흡(1)
협력	팀내 구성원 또는 다른 부서와 조직 전체 관점에서 정보를 공유하고 적극적으로 협력하는 역량	칭찬하고 싶은 측면		기대초과(3) 기대충족(2) 기대미흡(1)
		개선을 요구하고 싶은 측면		기대초과(3) 기대충족(2) 기대미흡(1)

2. 종합의견

먼저 다면평가 양식에 관한 이슈이다.

첫 번째 다면평가 시 역량선정이다. 보통 동료 다면평가의 경우에는 핵심공통역량을 다면평가역량으로 선정한다. 그리고 리더십 상향평가의 경우에는 리더십역량을 다면평가 역량으로 선정한다. 상기 사례의 경우 핵심공통역량이 열정, 윤리의식, 협력으로 도출된 회사이다. 따라서 다면평가를 시행하기 위해서는 핵심공통역량과 리더십역량을 도출하는 것이 필요하다.

두 번째 역량에 대해서 정의한다. 상기 사례의 경우 협력을 '팀내 구성원 또는 다른 부서와 조직 전체 관점에서 정보를 공유하고 적극적으로 협력하는 역량'으로 정의했다. 다면평가 시 역량단계별 정의를 내릴 필요까지는 없다고 본다. 다만, 해당 역량에 대하여 정의하여 조직이 바라보는 방향성을 명확히 제시하는 것이 중요하다.

세 번째 서술형 다면평가 시행이다. 서술형 다면평가는 두 가지 관점으로 구분하는 것이 바람직하다. 의견 작성 시 '칭찬하고 싶은 측면'과 '개선을 요구하고 싶은 측면'으로 구분하면 훨씬 의견을 작성하는 것이 수월하다. 즉, 긍정적인 측면과 부정적인 측면으로 구분하는 방식이다. 앞서 계속 설명하였지만 다면평가는 서술형 방식을 통해서 구성원의 행동변화를 촉진하는 방향으로 진행하는 것이 바람직하다. 다만 다면평가 점수가 필요한 경우에는 서술형 방식과 점수방식을 병행하는 것도 가능하다고 생각한다.

다음은 다면평가 피드백 관련 이슈이다.

다면평가 결과에 대한 피드백 방식은 여러 가지 의견으로 나누어진다.

첫 번째, 평가자의 다면평가 의견을 그대로 피평가자에게 피드백하는 방식이다.

이러한 방식은 다면평가 의견을 정보의 왜곡 없이 전달하는 효과가 있다. 그러나 성숙하지 못한 조직의 경우 상대방에게 상처주기, 비난 등 문제가 발생할 수 있다. 따라서 본 방식은 다면평가 피드백 후 동료 간 갈등이 발생할 수 있기 때문에 매우 위험한 피드백 방식이라고 본다.

두 번째, 평가자의 다면평가 의견을 HR팀이 점검한 뒤 피평가자에게 피드백하는 방식이다.

이러한 방식은 HR이 먼저 다면평가의 목적이 부합하지 않는 상처주기, 비난 등을 체크하여 피드백의 문제를 어느 정도 예방하는 효과가 있다. 다면평가 도입 초기에 많이 활용되는 방식이다. 그러나 조직의 규모가 큰 경우 HR이 모든 다면평가 의견을 체크하기 어려운 한계점이 있다.

세 번째, 평가자의 다면평가 의견을 리더가 정리해서 피드백하는 방식이다.

이러한 방식은 리더가 다면평가자의 성숙도와 피평가자의 상황 등을 고려하여 다면평가 의견을 전달할 수 있다. 이를 통해 다면평가 시 발생하는 상처주기, 비난 등의 문제를 예방할 수 있다는 장점이 있다. 다만,

리더의 주관적인 판단이 개입되기 때문에 다면평가 의견이 왜곡될 수 있다는 단점이 있다.

다면평가는 조직 갈등 등 여러 가지 문제가 발생할 수 있기 때문에 피드백 방식을 신중하게 결정할 필요가 있다. 필자의 개인적인 생각으로는 다면평가 의견을 리더가 정리해서 피드백하는 방식을 추천하고 싶다. 물론 리더가 다면평가 의견을 전달하는 부담감이 클 수 있다. 그러나 리더의 역할이 구성원을 코칭하는 것이라고 볼 때 리더가 다면평가 의견을 피드백하는 것도 매우 중요한 코칭 중의 하나가 될 것이라고 본다.

Chapter

VIII

여섯 번째 솔루션

인사평가 운영에 더 많은 노력을 기울여라

1 인사평가 운영 개요

인사평가는 설계와 운영이 모두 중요하다. 우리나라의 기업들은 인사평가 설계에 많은 노력을 기울였다. 상대적으로 인사평가 운영에는 소홀했던 것이 사실이다. 인사평가의 운영은 성과관리 프로세스로 이해할 수 있으며 크게 목표합의, 수시코칭, 최종평가로 구분할 수 있다.

그림 39 성과관리 프로세스

구분	PLAN(계획)	DO(실행)	SEE(확인)
	목표합의	수시코칭	최종평가
주요 내용	• 개념 : 성과책임을 달성하기 위해 실행 계획을 수립하는 것을 의미함 • 전사 목표수립 • 본부 목표수립 • 팀 목표수립 • 팀원 목표수립	• 개념 : 합의된 목표를 달성할 수 있도록 리더가 구성원을 돕는 것을 의미함 • 공식적 수시코칭 • 비공식적 수시코칭	• 개념 : 합의된 목표의 이행 정도를 확인함을 의미함 • 평가 사전 면담 • 최종평가 시행 • 평가 피드백 면담 • 이의제기 절차 • 평가위원회 개최
시기	매년 2월	공식적 수시코칭 : 분기별 비공식적 수시코칭 : 수시	매년 1월
산출물	목표합의서	수시코칭 보고서	평가결과 보고서

첫 번째 단계는 '목표합의'이다. 목표합의란 '성과책임을 달성하기 위해 실행계획을 수립하는 것'을 말한다. 또한 목표합의는 리더와 구성원 간 '기대치'를 일치시키는 과정을 의미한다. 목표합의는 '전사목표 - 본부목표 - 팀목표 - 팀원목표'로 연계되어야 한다. 보통 목표합의는 매년 2월 시행된다. 최종평가가 12월에 시행되는 경우 목표합의가 1월에 시행되기도 한다.

두 번째 단계는 '수시코칭'이다. 수시코칭이란 '합의된 목표를 달성할 수 있도록 리더가 구성원을 돕는 것'을 말한다. 수시코칭은 공식적 수시코칭과 비공식적 수시코칭으로 구분할 수 있다. 보통 분기별로 공식적 수시코칭을 시행한다. 수시코칭에서 중요한 것은 비공식적 수시코칭이 훨씬 더 중요하다는 것이다. 비공식적 수시코칭이란 일터에서의 대화를 말한다. 즉, 평소 일터에서 원활하게 소통을 하며(비공식적 수시코칭) 분기별로 내용을 정리하는(공식적 수시코칭) 개념으로 접근하는 것이 필요하다.

세 번째 단계는 '최종평가'이다. 최종평가란 '합의된 목표의 이행 정도를 확인함'을 말한다. 최종평가는 '평가 사전 면담 - 최종평가 시행 - 평가 피드백 면담 - 이의제기 절차 - 평가위원회 개최' 절차로 진행된다. 평가 사전면담은 최종평가 시행 전 피평가자의 의견을 듣는 절차이며 평가 피드백 면담은 최종평가 결과를 전달하는 절차이다. 그리고 이의제기 절차를 통하여 피평가자에게 최종평가 결과에 대한 재심사의 기회를 부여한다. 이후 평가위원회를 통하여 인사평가 결과를 최종 확정하게 된다. 보통 최종평가는 다음해 1월에 시행된다. 일부 기업의 경우 당해연도 12월에 시행하는 경우도 있다.

2 성과목표란 무엇인가?

성과목표[2]란 무엇인가? 먼저 성과목표의 개념을 명확히 하는 것이 매우 중요하다. 다음은 성과목표 합의 시 흔히 발생하는 문제들이다.

- 직원이 뭘 써야 하는지 모르고, 그냥 업무만 쭉 나열해 온 경우
- 자신의 업무는 숫자로 표현할 수 없기 때문에 목표를 정할 수 없다고 하는 경우
- 성과목표가 너무 많거나 혹은 너무 적은 경우
- 작년과 똑같은 성과목표를 적어 온 경우
- 다른 사람의 목표를 보고 나의 목표로 적어 온 경우

왜 이런 일이 발생할까? 성과목표의 개념을 잘 모르고 있기 때문이다. 그렇다면 목표의 개념에 대해서 구체적으로 살펴보자.

2) 이 책에서는 '성과목표'와 '목표'를 동일한 의미로 사용함. 전체적인 문맥을 고려하여 '성과목표' 또는 '목표'를 선택하여 서술함.

그림 40 목표의 3요소

목표란 "성과책임을 달성하기 위해 반드시 해야 할 중요한 일"을 말한다.

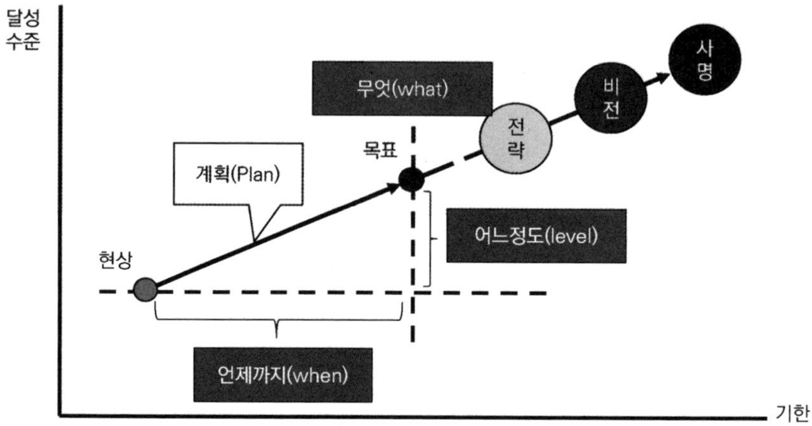

구분	핵심개념	세부내용
목표항목(W)	무엇	조직이 기대하는 결과의 내용을 설명한다.
달성기한(W)	언제까지	목표항목을 완성시킬 기한을 정한다.
달성수준(L)	어느정도	목표항목의 달성수준을 명확히 한다. (정량 : 숫자, 정성 : 결과이미지)

※ IT시대 과제달성형 목표관리, 야사에 스에미츠 저 수정 인용

목표란 "성과책임을 달성하기 위해 반드시 해야 할 중요한 일"을 말한다. 여기서 중요한 키워드 3가지가 등장한다. 첫 번째 '성과책임'을 달성하기 위한 것이라는 것이다. 따라서 목표수립을 위해서는 먼저 부서와 직무의 성과책임을 규명하는 것이 반드시 필요하다. 두 번째는 '반드시' 해야 할 일이라는 것이다. 목표란 해도 그만, 안 해도 그만인 일이 아니다. 반드시 해야 할 일이다. 세 번째는 '중요한 일'이라는 것이다.

나의 모든 업무가 목표가 되는 것이 아니다. 나의 업무 중에서 중요한 일이 목표로 설정되는 것이다.

그럼 이제 목표의 3요소에 대해서 살펴보자.

목표의 3요소는 'WWL'이다.

첫 번째 'W'는 목표항목인 무엇(What)을 의미한다. 성과목표에서 무엇이 생략되는 것은 상식적으로도 이해할 수 없을 것이다. 성과목표는 해야 할 중요한 업무를 실행과제방식으로 도출하는 것이 바람직하다.

두 번째 'W'는 달성기한인 언제(When)를 의미한다. 성과목표 수립 시 언제가 누락되는 경우가 빈번하게 발생한다. 예를 들어 리더는 상반기에 해야 할 목표라고 생각했는데 팀원은 연말까지로 생각하는 경우이다. 성과목표 수립 시 가급적 분기 또는 월단위로 달성기한을 반드시 명시하는 것이 필요하다.

세 번째 'L'은 달성수준인 어느 정도(Level)를 의미한다. 사실 목표에서 달성수준이 가장 어려운 영역이라고 볼 수 있다. 달성수준은 정량적인 경우에는 '숫자'로 표시하고 정성적인 경우에는 '결과이미지'로 표현한다. 먼저 정량적인 목표는 '숫자'로 정할 수 있기 때문에 오히려 명확하고 쉽게 접근할 수 있다. 그러나 정성적인 목표는 '결과 이미지'로 표현해야 하기 때문에 매우 어렵다. 예를 들어 보자. '면접제도의 개선'이라는 성과목표를 수립했다고 가정해 보자. '면접제도의 개선'은 정성적인 목표이기 때문에 달성수준을 숫자로 표시할 수 없다. 그렇다면 어떻게 접근해야 할까? '면접제도 개선'이 달성된 상태를 '결과 이미지'로 표현해야 한다. 예를 들어 '현재 조별 면접방식을 개선하여 프리젠테이션 면접 또는 토론면접 등 새로운 면접방식을 도입한다'라고 표현하는 것이다. 정성적인 목표의 결과 이미지를 완벽하게 표현하는 것은 불가능하다. 따라서 가능한 수준에서 가급적 구체적으로 표현한다고 생각하면 될 것이다.

실무적으로 볼 때 정성적 목표의 달성수준은 초과달성, 달성, 미달성 등 3단계로 표현하는 것을 제안하고 싶다. 초과달성, 달성, 미달성으로 구분하여 표현하는 것이 오히려 정성적 목표수준을 쉽게 표현하는 방법이 될 수 있다. 나아가 피평가자 입장에서도 목표수준이 직관적으로 이해될 수 있는 장점이 있다.

[표 18] 정성목표(초과달성 · 달성 · 미달성 구분)

성과목표	목표수준
면접제도 개선 (정성적 목표)	**(초과달성)** 현재, 조별 면접 방식을 개선하여 프리젠테이션 면접 또는 토론면접 등 새로운 면접 방식을 도입하였고, 나아가 인재수준 향상과 인재정착 측면에서 기여함
	(달성) 현재, 조별 면접 방식을 개선하여 프리젠테이션 면접 또는 토론면접 등 새로운 면접 방식을 도입함
	(미달성) 새로운 면접방식을 도입하지 못하였거나 면접제도를 형식적으로 변경함

정성적 목표의 달성수준은 리더와 구성원이 논의를 통해서만 도출할 수 있으며 매우 어려운 절차라고 볼 수 있다.

그렇다면 이제 성과목표 합의 시 발생한 문제점에 대해서 이유를 밝혀보자.

- 직원이 뭘 써야 하는지 모르고, 그냥 업무만 쭉 나열해 온 경우
  분석 : 업무와 성과목표를 혼돈한 경우임. 성과목표는 중요한 업무임
- 자신의 업무는 숫자로 표현할 수 없기 때문에 목표를 정할 수 없다고 하는 경우
  분석 : 정성적인 성과목표는 달성수준을 '결과이미지'로 표현하여야 함. '결과이미지'는 리더와 구성원의 논의를 통해서만 도출할 수 있음
- 성과목표가 너무 많거나 혹은 너무 적은 경우
  분석 : 성과목표는 중요한 업무이기 때문에 5개 정도가 적합함
- 작년과 똑같은 성과목표를 적어 온 경우
  분석 : 업무와 성과목표를 혼돈한 경우임. 매년 고유업무는 변하지 않지만 당해연도 중요한 업무는 매년 변경됨
- 다른 사람의 목표를 보고 나의 목표로 적어 온 경우
  분석 : 성과목표의 개념을 잘 모르고 있음. 따라서 다른 사람의 성과목표를 그대로 복사한 것으로 보임

3 목표합의 수립 절차와 원칙

먼저 목표합의 수립 절차에 대해서 살펴보자. 팀장이 팀원과 목표합의를 시행하는 것을 가정해 보자.

그림 41 목표합의 시행 절차(팀장–팀원 기준)

1단계	2단계	3단계	4단계
본부장-팀장 목표합의 ⇨	팀장 목표공유 및 목표배분 (팀 방향성 설정) ⇨	팀원 목표 수립 (1차안 도출) ⇨	팀장-팀원 목표합의 1차 면담 (목표 논의) ⇨

5단계	6단계	7단계	8단계
팀원 목표 수립 (수정안 도출) ⇨	팀장-팀원 목표합의 2차면담 (목표 확정) ⇨	팀원 목표 상호 공유 (목표 공유) ⇨	목표합의 완료 및 목표시행

1단계는 팀장과 본부장의 목표합의이다. 팀장이 팀원과 목표합의를 시행하기 위해서는 먼저 팀장의 목표가 수립되어야 할 것이다. 목표합의 시 조직과 개인이 연계되는 것이 매우 중요하다. 이를 위해서는 먼저 팀장의 목표가 명확히 수립되어야 한다.

2단계는 팀장목표를 팀원과 공유하는 것이다. 팀장의 목표가 수립되고 나면 팀장은 자신의 목표를 팀원과 공유하여야 한다. 목표공유를 통해서 팀의 방향성이 팀원에게 전달될 수 있다. 팀장 목표 공유 시 팀장의 목표가 팀원에게 배분되는 캐스캐이딩(cascading)이 이루어진다.

3단계는 팀원의 목표수립이다. 팀원은 팀장의 목표를 고려하여 본인의 목표를 수립한다. 팀원 목표수립 시 가장 중요한 것은 팀장 목표와의 연계성이다. 목표에는 목표의 3원칙인 목표항목(What), 달성기한(When), 목표수준(Level)이 명시되어야 한다. 또한 목표를 실행과제중심으로 도출하는 것이 매우 중요하다.

4단계는 팀장과 팀원의 목표합의 면담(1차)이다. 팀장과 팀원은 서로 만나 팀원이 수립한 목표에 대해서 충분한 의견을 나누어야 한다. 목표합의 면담을 통해 목표의 구체성, 조직연계성, 실현가능성 등에 대해서 검토하고 목표수정 및 보완내용에 대해서 논의한다.

5단계는 팀원의 목표수정안 수립이다. 팀원은 팀장과의 1차 면담을 반영하여 수정된 목표를 수립한다.

6단계는 팀장과 팀원의 목표합의 면담(2차)이다. 팀장과 팀원은 다시 서로 만나 수정된 목표의 타당성에 대해서 의견을 서로 나눈다. 5단계와 6단계 과정은 필요 시 추가적으로 시행될 수 있다.

7단계는 팀원 목표의 상호공유이다. 팀원의 목표를 팀 구성원 모두에게 오픈하여 투명하게 운영하는 것이 바람직하다. 간단한 티타임(tea time)의 형식으로 운영하면 충분하다. 목표공유는 목표에 대한 자기약속 효과가 있으며 공정성 제고에도 도움이 될 수 있다.

8단계는 목표합의 완료 및 목표시행이다. 목표합의가 공식적으로 완료되면 자신의 목표가 확정되고 목표시행에 들어가게 된다.

다음으로 목표합의 원칙에 대해서 살펴보자.

첫 번째 성과책임을 도출한 후 성과목표를 수립한다.

성과목표란 '성과책임을 달성하기 위해서 반드시 해야 할 중요한 일'을 의미한다. 따라서 성과목표는 반드시 성과책임에서 시작해야 한다.

두 번째 부서장의 목표와 부서원의 목표를 일치시킨다. 목표합의 시 조직과 개인과의 연계는 가장 중요한 요소로서 인식되어야 한다. 보통 개인 성과목표는 50%이상 조직 성과목표에 해당해야 한다는 것을 원칙으로 정한다.

세 번째 성과목표는 실행과제 중심으로 수립한다. 목표 수립 시 지표를 먼저 고민하지 말고 실행과제를 먼저 도출해야 한다. 지표를 먼저 고민하게 되면 정량화에 매몰될 가능성이 높기 때문이다. 실행과제 도출은 성과책임과 전략을 동시에 고려하여 도출한다. 이러한 실행과제 중심의 목표합의를 통하여 정량화 문제를 해결함과 동시에 진정한 업무혁신을 이룰 수 있다.

네 번째 성과목표 달성수준은 정량과 정성을 동시에 고려하는 것을 원칙으로 한다. 모든 업무는 양적인 판단과 질적인 판단이 필요하기 때문에 정량과 정성을 함께 바라보는 것이 바람직하다. 물론 성과목표의 성격에 따라서 정량과 정성을 선택하는 것은 가능하다.

다섯 번째 성과목표는 부서장의 경우 10개 정도로 설정한다. 그리고 부서원은 5개 정도가 적정하다. 성과목표가 너무 많게 되면 실제 중요한 업무에 집중하는 것이 매우 어렵게 된다. 따라서 적정한 수의 성과목표를 수립하는 것이 중요하다. 부서장은 본인의 성과목표를 부서원에게 배분해야 되기 때문에 10개 정도를 적정한 개수로 본다.

여섯 번째 목표합의 면담과 목표의 공유시간을 반드시 갖는다. 목표합의는 커뮤니케이션을 기반으로 이루어져야 한다. 따라서 목표합의 면담을 반드시 시행하는 것이 필요하다. 그리고 목표합의 후 목표의 공유를 통해서 구성원 상호간 목표를 인식할 수 있도록 하는 것이 중요하다.

일곱 번째 성과목표 수립 시 역량향상계획을 작성하는 것도 가능하다. 성과목표 수립과 역량향상계획을 별도로 작성하는 경우 연초에 장기간 동안 계획수립에 시간을 투입해야 하는 부담이 있다. 따라서 성과목표 수립 시 역량향상계획을 동시에 작성하는 것도 효율적인 방법이라고 생각된다.

〈목표합의 7가지 원칙〉

- 성과책임을 도출한 후 성과목표를 수립한다.
- 부서장의 목표와 부서원의 목표를 일치시킨다.(성과목표의 상하연계성)
  [개인 성과목표는 50%이상 조직 성과목표에 해당해야 한다]
- 성과목표는 실행과제중심으로 수립한다.(지표를 먼저 고민하지 않는다)
- 성과목표 달성수준은 정량과 정성을 동시에 고려하는 것을 원칙으로 한다.
  [물론, 성과목표 성격에 따라서 정량과 정성을 선택할 수 있다]
- 성과목표는 부서장은 10개 정도(부서원 5개 정도)로 설정한다.
- 목표합의 면담과 목표의 공유시간을 반드시 갖는다.
- 성과목표 수립 시 역량향상계획을 작성하는 것도 가능하다.

4 목표합의서 작성 이슈

목표합의서 양식을 통하여 목표합의서 작성이슈에 대해서 살펴보자. 인사팀장과 인사팀원의 목표합의서 예를 들어보자.

먼저 팀장(예시 : 김팀장)의 목표합의서다.(팀장과 본부장이 목표합의를 시행함) 팀장의 목표합의서의 내용은 크게 중점추진과제(성과목표), 세부추진계획, 평가비중, 평가지표, 목표수준, 기한, 업무수행자로 구성된다.

첫 번째 내용은 중점추진과제(성과목표) 수립이다.

성과목표를 '중점추진과제'라고 표현하는 이유는 과제중심으로 목표를 수립하기 위해서이다. 팀장은 성과책임을 달성하기 위해서 반드시 해야 할 중요한 일을 10개 정도로 수립한다. 예시에서 인사팀장은 경력사원의 안정적 운영, 신입사원 면접제도 개선, 보상제도 전산프로그램 개발, 전사교육훈련 프로그램 구축, 사무직노조 대응 방안 수립, 노사관계 활성화 프로그램 수립, 근로시간 단축 대응방안 수립 등 7개의 성과목표를 수립하였다.

두 번째 내용은 세부추진계획 수립이다.

보통 목표합의는 연초에 진행되기 때문에 아주 구체적인 계획을 수립하기는 쉽지 않다. 그러나 가능한 범위에서 세부추진계획을 수립한다. 1번 목표인 '경력사원의 안정적 운영'을 예를 들어 보자. 해당 회사는 경력사원의 퇴사율이 높은 것으로 보인다. 세부추진계획으로 '경력사원이 조직에 정착할 수 있도록 경력사원 정기면담제도 등 경력사원 정착방안을 강구하여 실행함'이라고 수립하였다. 지금까지는 경력사원에 대한 정착제도를 별도로 진행하지 않았지만 이제부터 경력사원 안정을 위한 제도적 노력을 시행하겠다는 것으로 이해할 수 있다.

세 번째 내용은 평가비중이다.

성과목표별로 평가비중을 작성한다. 평가비중은 최소 10%이상으로 배분하는 것이 바람직하다. 너무 적은 평가비중(10% 미만)은 성과목표의 중요성을 인식하기 어려울 수 있다.

네 번째 내용은 평가지표이다.

평가지표는 목표합의서 작성 시 매우 중요한 이슈이다. 가장 중요한 원칙은 성과목표의 성격을 고려하여 평가지표를 결정하는 것이다. 정량과 정성이 조화롭게 구성되도록 하는 것이 바람직하다. 계량화에 매몰되어서는 건강한 목표합의가 되기 어렵다. 따라서 성과목표에 대해서 평가지표는 정량과 정성을 함께 설정하는 것을 원칙으로 하는 것이 좋다. 작성양식 배포 시 하나의 성과목표에 대해서 정량과 정성을 모두 표기할 수 있도록 제시하도록 한다. 1번 목표인 '경력사원의 안정적 운영'을 예를 들어보자. 경력사원이 안정적으로 운영되었다는 것을 어떻게 측정할 수 있을까? 먼저 정량지표로서 '경력사원 유지율'이 선택 가능할 것으로 보인다. 그러나 정량지표만으로 '경력사원의 안정적 운영'이라는 성과목표를 평가하기 어렵다. 따라서 정성지표인 '업무완성도'를 통하여 해당 성과목표를 달성여부를 평가하는 것이 필요한 것이다.

다섯 번째 내용은 목표수준이다.

목표수준은 정량지표인 경우에는 '숫자'로 표현하고 정성지표인 경우에는 '결과 이미지'로 표현한다. 1번 목표인 '경력사원의 안정적 운영'을 예를 들어보자. 정량지표인 '경력사원유지율'은 '70%'로 설정하였다. 정성지표인 '업무완성도'는 '경력사원 면담제도가 시행되고 경력사원 안정에 기여함'이라고 설정하였다. 업무완성도의 경우에는 성과목표가 성공적으로 수행된 모습을 표현해 주는 개념(결과이미지)으로 접근한다.

여섯 번째 내용은 기한이다.

해당 성과목표의 실행 기한을 명시한다. 연, 반기, 분기, 월 등으로 표기해 주면 된다.

일곱 번째 내용은 업무수행자이다.

팀장의 목표합의서이기 때문에 해당 성과목표를 누구에게 배분할 것인가를 명시하는 것이 필요하다. 원칙적으로 직무에 기반하여 배분한다. 성과목표 배분 시 난이도 이슈가 발생할 수 있다. 난이도 이슈는 직급을 기준으로 접근하는 것이 가장 공정한 접근이라고 볼 수 있다.

그리고 마지막으로 역량개발계획을 작성한다.

역량개발은 교육훈련, 도서학습, 자격취득, 학위과정 등으로 구성될 수 있으며 업무수행자가 스스로 고민하여 작성하도록 하는 것이 중요하다.

그림 42 목표합의서-인사팀장(김팀장) (예시)

1. 성과목표

NO	중점추진과제 (성과목표)	세부추진계획	평가 비중	평가지표	목표수준	기한	업무 수행자
1	경력사원의 안정적 운영	• 경력사원이 조직에 정착할 수 있도록 경력사원 정기면담제도 등 경력사원 정착방안을 강구하여 실행함	10%	경력사원 유지율 [정성 · **정량**]	경력사원 유지율 70%	12월말	전체
			10%	업무완성도 [**정성** · 정량]	경력사원 면담제도가 시행되고 경력사원 안정에 기여함		
2	신입사원 면접 제도 개선	• 적합한 인재를 채용하기 위한 새로운 면접방안을 수립함	10%	업무완성도 [**정성** · 정량]	새로운 신입사원 면접제도가 도입되고 인재수준이 향상됨	상반기 공채 적용	김인사
3	보상제도 전산프로그램 개발	• 계약직 직원의 보상관리를 업무의 전산화를 연말까지 완료하여 업무의 효율성과 법률적 안정성을 제고함	10%	전산프로그램 개발 진행률 [정성 · **정량**]	연말까지 100%개발	12월말	김인사
			10%	업무완성도 [**정성** · 정량]	급여지급의 효율성과 법적 안정성을 확보한 급여프로그램을 도입함		
4	전사교육훈련 프로그램 구축	• 조직의 핵심/리더십/직무역량을 도출하고 해당 역량을 향상시킬 수 있는 교육프로그램 체계를 수립함. 또한 스마트워크시대에 맞는 스마트러닝 시스템을 구축함	10%	업무완성도 [**정성** · 정량]	당사에 적합한 컨텐츠를 확보한 스마트러닝 시스템을 구축함	6월말	정육성
5	사무직노조 대응 방안 수립	• 사무직 노조 신설에 대한 장기적 관점의 노사 전략 수립 및 단체교섭과 단체협약 체결 방안을 수립함	20%	업무완성도 [**정성** · 정량]	노사갈등을 최소화 하고 노사관계를 안정화시킴	12월말	전노사
6	노사관계 활성화 프로그램 수립	• 상반기 체육대회와 하반기 등반대회를 통하여 보다 협력적 노사관계를 구축할 수 있도록 하고 추가적인 노사관계 활성화 프로그램을 기획함	10%	업무완성도 [**정성** · 정량]	노사관계가 개선되고 협력적 노사관계의 토대를 마련함	12월말	전노사
7	근로시간 단축대응방안 수립	• 근로시간단축에 따른 교대제 개편 등 인력운영 개편방안을 수립함(사무직-선택적 근로시간제, 생산직-4조 2교대제)	10%	업무완성도 [**정성** · 정량]	인건비 효율성을 제고한 교대제 시스템을 도입함	6월말	김인사 전노사
			100%				

2. 역량개발계획

구분	역량요소 1	역량요소 2	역량요소 3
역량요소명	전문가 의식	문제 인식 및 이해	
실행계획	1. 교육참가 : 중앙경제 HR교육원, 인사관련 교육과정(16H) 수강 2. 도서학습 : 다시 쓰는 경영학(최동석 저), 가치관경영(전성철 저) 상기 외 도서 추가 학습 3. 자격취득 : "HR전문가인증"취득(한국공인노무사회 주관)	1. 교육참가 : KPC 생산성본부 기획력관련 교육과정(16H) 수강 2. 모임활동 : 네이버카페 "진짜 기획자" 회원 활동 및 오프 모임 참여	

다음으로 팀원(예시 : 김인사)의 목표합의서다.(팀원과 이 목표합의를 시행함) 팀원의 목표합의서의 내용은 크게 중점추진과제(성과목표), 세부추진계획, 평가비중, 평가지표, 목표수준, 기한, 조직목표 해당 여부로 구성된다. 팀장의 목표합의서와 다른 점은 '업무수행자'가 생략되고 '조직목표 해당 여부'가 추가되었다는 점이다. 팀원이기 때문에 조직목표와 연계성을 표기하는 것이 필요하다. 보통 조직목표와 연계성은 50% 이상으로 권고한다. 팀원 예시를 통해 살펴보자. 3번 목표 '인사평가제도 개편방향 수립'은 조직목표 해당하지 않는 성과목표이다. 인사담당으로서 조직목표에는 해당하지 않지만 성과책임을 달성하기 위한 중요한 업무이기 때문에 팀장과 논의를 통하여 성과목표로 수립한 것으로 볼 수 있다.

기존의 내용인 중점추진과제(성과목표), 세부추진계획, 평가비중, 평가지표, 목표수준, 기한은 팀장의 목표합의서 작성 요령과 동일하다고 볼 수 있다.

목표합의서 작성은 매우 실질적인 목표합의가 이루어지는 매우 중요한 절차이다. 반드시 리더와 구성원을 대상으로 목표합의서 작성 교육을 통하여 구체적인 작성요령을 숙지할 수 있도록 해야 한다.

그림 43 목표합의서-인사팀원(김인사) (예시)

1. 성과목표

NO	중점추진과제 (성과목표)	세부추진계획	평가비중	평가지표	목표수준	기한	조직목표 해당여부
1	경력사원의 안정적 운영	• 경력사원의 인재상과 인적요건에 대한 구체적인 기준을 마련하고 경력사원 정기 면담제도를 시행계획을 수립하고 면담을 시행함	10%	경력사원 유지율 [정성 · **정량**]	경력사원 유지율 70%	12월말	○
			10%	업무완성도 [**정성** · 정량]	경력사원 면담제도가 시행되고 경력사원 안정에 기여함		
2	신입사원 면접 제도 개선	• 신입사원 채용 면접 시 프리젠테이션 면접, 집단토론 면접 등을 도입하여 당사에 적합한 핵심인재를 확보함	10%	업무완성도 [**정성** · 정량]	프리젠테이션 면접과 집단토론 면접제도를 도입하고 인재의 수준을 향상시킴	6월말	○
3	인사평가제도 개편방향 수립	• 외부 컨설팅 기관을 통하여 현재 인사평가제도의 문제점을 진단하고 인사평가제도 향후 개편방향을 수립함	20%	업무완성도 [**정성** · 정량]	당사에 적합한 인사제도의 방향성을 수립함	6월말	
4	보상제도 전산프로그램 개발	• 계약직 직원의 기본인적사항관리, 근태관리, 임금관리, 연차관리 등을 수행할 수 있는 보상제도 전산프로그램 개발을 연말까지 완료함	10%	전산프로그램 개발 진행률 [정성 · **정량**]	연말까지 100% 개발	12월말	○
			10%	업무완성도 [**정성** · 정량]	급여지급의 효율성과 법적 안정성을 확보한 급여프로그램을 도입함		
5	선택적 근로시간제 도입	• 선택적 근로시간제 도입과 관련하여 근로자대표의 서면합의 등 절차를 진행하고 근로시간관리 전산시스템을 구축함	10%	제도도입여부 [정성 · **정량**]	6월말까지 선택적 근로시간제를 도입함	6월말	○
			20%	업무완성도 [**정성** · 정량]	일가정 양립 및 생산성을 제고하는 선택적 근로시간제를 도입하고 정착시킴		
			100%				

2. 역량개발계획

구분	역량요소 1	역량요소 2	역량요소 3
역량요소명	도전 정신	전문가 의식	문제 인식 및 이해
실행계획	1. 학위과정 : 방송통신대 경영학과 진학 2. 수강과목 : 경영학원론, 회계학원리, 인사관리론 등 3. 학습방법 ; 온라인과 오프라인 병행	1. 교육참가 : 중앙경제 HR교육원 인사관련 교육과정(16H) 수강 2. 도서학습 : 인사관리 3.0(이용석 저), 진짜 성과관리(송계전 저) 상기 외 도서 추가 학습 3. 액션러닝 : 인사담당 5명으로 액션러닝 실행(주제 : 주52시간제 안정적 정착)	1. 교육참가 : KPC 파워포인트 & 엑셀 과정 수강 2. 전산자격취득 : ITQ자격취득(B등급)

[표 19] 목표 설정 체크리스트

구분	주요내용	매우 긍정	긍정	부정	매우 부정
성과목표 타당성	1. 성과목표를 성과책임(accountability)에서 출발하여 도출하였나요?				
	2. 성과목표 도출 시 중요성(미래관점)과 취약점(과거관점)을 고려하였나요?				
	3. 성과목표 도출 시 상위부서와의 연계성(alignment)을 고려하였나요?				
	4. 성과목표가 리더는 10개 정도, 팀원은 5개 정도로 적정하게 도출되었나요?				
	5. 평가지표 도출 시 정량지표(계량)와 정성지표(비계량)가 조화롭게 설정되었나요?				
	6. 성과목표 기대치가 구체적으로 표기되었나요? (정량지표-숫자, 정성지표는-결과이미지)				
	7. 성과목표 기대치가 직급에 맞게 설정되었나요?				
	8. 성과목표별로 목표달성 기한을 명확하게 설정하였나요?				
목표합의 절차 준수	9. 성과목표 수립 전 조직의 목표를 공유하였나요?				
	10. 성과목표 면담을 적정한 횟수와 시간동안 진행하였나요?				
	11. 성과목표 면담 시 서로간의 이견에 대해서 충분히 논의하였나요?				
	12. 성과목표 수립 후 성과목표를 구성원 간 상호 공유하였나요?				
성과목표 수용성	13. 성과목표를 기준으로 성과평가가 이루어지는 것이 공정하다고 생각하나요?				
	14. 성과목표 달성 시 성과책임(accountability)이 달성되나요?				
	15. 성과목표를 달성하면 조직의 성과가 향상되나요?				
	16. 성과관리 활동을 통하여 우리 회사가 건강하게 변화될 것이라고 생각하나요?				

5 목표변경 이슈

목표수립 후 목표변경 이슈가 발생한다. 목표변경 관해서는 크게 2가지 관점이 존재한다. 첫 번째는 목표는 변경될 수 없다는 관점이다. 이러한 관점은 목표가 변경된다면 목표로서의 의미를 상실한다고 주장한다. 두 번째는 목표는 변경될 수 있어야 한다는 관점이다. 이러한 관점은 목표가 환경에 유연하게 적응해야 한다고 주장한다. 필자는 목표변경은 상기 두 가지 관점이 조화를 이루어야 한다고 생각한다. 먼저 목표변경의 제1원칙은 '목표는 변경되지 않는 것이 바람직하다'라는 원칙이다. 목표 변경이 쉽게 이루어진다면 목표수립 절차가 제대로 진행되기 어렵다. 대충하고 나중에 바꾸면 되지 라고 생각할 수 있기 때문이다. 다음으로 목표변경의 제2원칙은 '목표는 일정한 사유에 해당하는 경우 변경을 검토할 수 있다'는 원칙이다. 목표 변경이 불가능하게 되면 목표와 실제 업무의 괴리가 점점 커지게 된다. 쉽게 말해서 목표는 서랍속으로 들어가고 목표와 전혀 상관없이 실제 업무가 진행되는 현상이 발생할 수 있다. 즉, 목표는 변경되지 않는 것이 바람직하나, 일정한 사유에 해당하는 경우 변경을 검토할 수 있다는 것이다.

그렇다면 목표변경의 사유는 무엇일까?

첫 번째 상위 조직의 전략변경이다. 예를 들어 보자. A기업이 올해 중국시장에서 철수하기로 전략을 변경하였다. 그런데 만약 마케팅 담당이 자신의 성과목표이기 때문에 중국 마케팅을 계속 시행한다면 어떻게 될까? 정말 어처구니 없는 일이 벌어질 것이다. 따라서 상위 조직의 전략이 변경되는 경우 당연히 하위 조직의 성과목표는 변경된다.

두 번째 부서 또는 직원의 업무분장 변경이다. 먼저 부서의 업무분장 변경이다. 부서의 업무분장이 변경되면 당연히 성과목표는 변하게 된다. 예를 들어 교육 업무를 인사팀에서 기획팀으로 이관하는 경우를 가정해 보자. 그렇다면 당연히 교육업무의 성과목표는 인사팀에서 기획팀으로 이동하게 된다. 다음으로 직원의 업무분장 변경이다. 직원 업무분장 변경의 대표적인 사례가 퇴직이다. A직원(대리)이 퇴직하고 신입사원을 충원하는 경우를 가정해 보자. A직원의 성과목표를 신입사원에 부여할 수 없기 때문에 A직원의 성과목표가 불가피하게 B직원(대리)에게로 이동하게 된다.

세 번째 급격한 외부환경의 변화이다. 외부환경은 언제나 변화한다. 따라서 일반적인 환경변화가 아니라 예외적인 급격한 외부환경의 변화에 해당하는 경우이다. 2020년 2월부터 유행했던 코로나-19를 생각해 보자. 팬데믹 상황으로 인해 전 세계가 엄청난 환경변화를 경험했다. 2020년 1월 성과목표를 수립한 기업의 경우 성과목표를 정상적으로 수행하는 것은 불가능했다. 예를 들어 보자, 교육기관의 경우 팬데믹으로 인해 오프라인 교육이 전혀 이루어질 수 없었다. 그래서 대부분의 기업들은 줌(Zoom) 온라인 과정, 온-오프 하이브리드 과정으로 신속하게 전환하였다. 그런데 만약 교육기관의 교육담당자가 자신의 성과목표라는 이유로 오프라인 교육과정이 계속 폐강됨에도 불구하고 오프라인 교육을 지속하다면 어떻게 될까? 해당 교육기관은 엄청난 손실을 기록할 것이다.

그리고 추가적인 목표변경 이슈에 대해서 살펴보자.

목표변경 절차는 어떻게 운영하는 것이 좋을까? 목표변경 절차를 너무 엄격하게 운영한다면 목표변경의 유연성에 문제가 발생할 수 있다. 따라서 목표변경 절차를 적절하게 설계하는 것이 필요하다.

가장 중요한 절차는 목표변경 시에도 리더와 구성원이 논의를 통해서 변경된 목표에 합의하는 과정을 거치도록 해야 한다. 목표변경도 목표수립의 과정으로 인식하는 것이 중요하다.

다음으로 목표변경 주기이다. 업종의 특성에 따라서 차이가 있을 수 있겠지만 보통 목표변경은 3개월 단위로 시행하는 것이 적정하다. 그리고 보통 분기별 수시코칭 시 다음분기의 목표에 대해서 변경 논의를 진행하게 된다. 따라서 분기별로 분기별 수시코칭을 시행하는 회사의 경우 수시코칭 보고서를 제출 할 때 변경 목표합의서를 제출하도록 한다. 또한 목표 변경 내용은 변경 목표합의서에 붉은색 등으로 표기하며 한 눈에 알아볼 수 있도록 하는 것이 좋다. 목표 변경 내용 표기 시 변경 내용과 함께 변경 사유를 반드시 작성하도록 한다.

그리고 제출된 변경 목표합의서는 대표이사에게 취합해서 제출한다. 물론 이 때 변경 목표합의서 내용까지 HR이 구체적으로 확인하는 것은 생략해도 좋다고 본다. 리더를 신뢰하고 목표 변경을 승인하는 관점이 바람직하다. 다만 변경 목표합의서를 대표이사에게 제출하는 절차를 통해 목표변경을 HR차원에서 관리하고 있다는 메시지를 전달하는 것은 필요하다고 본다.

그림 44 목표변경 3가지 사유

1. 상위조직의 전략 변경
2. 부서 또는 직원의 업무분장 변경
3. 급격한 외부환경의 변화

Implication	• 목표는 변경하지 않는 것이 바람직함(전제조건) • 상기 3가지 사유 중 하나에 해당할 경우 목표변경을 검토함 • 목표변경의 경우에도 목표합의와 마찬가지로 부서장과 부서원이 합의하는 절차를 진행함 • 목표변경 후 인사부서에 변경된 목표합의서를 송부함 • 목표변경 내용을 붉은색으로 작성하고 목표변경 사유를 간략하게 기재함 ※ 목표변경은 분기별로 진행함을 원칙으로 함(수시코칭 시 진행)

6 수시코칭 개념 이해하기

수시코칭은 리더가 가장 어려워하는 영역이다. 최근 코칭의 중요성이 높아지면서 인사팀은 리더에게 코칭을 강조한다. 그러나 리더들의 반응은 긍정적이지 않다. 리더가 코칭에 대해서 갖는 대표적인 생각들이다.

- 나는 코칭에 능숙한 사람이 아니야, 코칭하다가 관계가 틀어지면 어떻게 하지?
- 직원들은 코칭 받는 것을 좋아하지 않아.
- 나는 좋은 리더가 되고 싶은데… 괜히 직원들의 마음을 상하게 하고 싶지 않아.
- 코칭을 한다고 효과가 있을까? 어차피 변하지 않을 텐데….
- ***아이고 머리 아프다~ 그냥 넘어가자!***

왜 코칭에 대해서 이런 생각을 하게 될까? 여러분은 코칭에 대해서 어떻게 생각하는가? 아마도 코칭하면 '잔소리'와 '지적질'이 떠오를 것이다. 누구에게나 '잔소리'와 '지적질'은 하고 싶지 않은 일이다. 가급적 피하고 싶을 것이다. 따라서 리더들은 코칭에 대해서 부정적인 생각을 가지고 있다. 그러나 이것은 큰 오해이다. 그렇다면 성과관리에서 말하는 수시코칭이란 무엇일까? 개념부터 다시 정리해 보자.

그림 45 수시코칭 개념

수시코칭이란 '성과목표를 달성하도록 돕는 것'이다.

※ 수시코칭은 공식적 수시코칭(월 or 분기별 시행)과 비공식적 수시코칭(상시적 tea time 등)으로 구분됨.

먼저 코칭을 정의해 보자. 코칭의 정의는 매우 다양하다. 코칭(coaching)은 마차인 코치(coach)에서 유래된 단어이다. 처음에는 사람을 목적지까지 이동시킨다는 의미였으나 이후 누군가를 목표에 이르게 하는 개념으로 발전되었다. 두산백과사전에서는 코칭을 '개인이 지닌 역량을 최대한 발휘하여 목표를 이룰 수 있도록 돕는 것'이라고 정의하고 있다.

그래서 필자는 성과관리의 수시코칭을 '성과목표를 달성하도록 돕는 것'이라고 정의내리고 싶다. 여기서 중요한 키워드가 등장한다. 첫 번째 '성과목표'이다. 수시코칭은 성과목표에 집중하는 것이다. 물론 개인적인 대화도 중요하다. 그러나 수시코칭 시 소통해야 하는 핵심주제는 성과목표이다. 수시코칭은 항상 성과목표에 집중해야 한다.

두 번째 '돕는 것'이다. 수시코칭은 돕는 것이다. 앞서 많은 리더들이 코칭에 대해서 부정적인 생각을 가지고 있는 것을 살펴보았다. 그 이유는 무엇일까? 코칭을 '잔소리' 또는 '지적질'로 생각하기 때문이다. 그러나 이제 생각을 바꿔 보자. 수시코칭은 다른 사람을 '돕는 것'이다. 여러분이 누군가를 도울 때를 상상해 보자. 먼저 기쁨이 생길 것이다. 그리고 보람을 느낄 것이다. 결국 계속 돕고 싶을 것이다. 그렇다. 수시코칭은 구성원을 통제하고 지시하는 것이 아니라 '돕는 것'이라는 관점에서 출발해야 한다.

그리고 수시코칭에 대해서 추가적으로 논의하고 싶은 주제가 하나 있다. 수시코칭을 '공식적 수시코칭'과 '비공식적 수시코칭'으로 구분하여 살펴보는 것이다.

공식적 수시코칭이란 '인사제도 관점에서 일정 주기로 시행하는 코칭'을 말한다. 인사팀이 업무연락을 통해서 공지하며 수시코칭 보고서를 작성해야 하는 공식적 코칭이다. 반면에 비공식적인 수시코칭이란 '일터에서 일상적으로 이루어지는 대화'이다. 쉽게 말해서 일상적인 티타임(Tea-time)을 말한다.

많은 기업들이 공식적 수시코칭을 강화하지만 성공하지 못하는 이유는 무엇일까? 바로 비공식적인 수시코칭이 제대로 이루어지지 않고 있기 때문이다.

여러분이 가장 행복하게 근무했던 시기를 떠올려보자. 어떤 기억이 있는가? 아마도 리더와 평상시에 아주 원만한 관계를 유지했을 가능성이 높다. 그렇다. 공식적인 면담이 중요한 것이 아니라 평소에 리더와 구성원이 업무적으로 깊은 대화를 나누는 것이 핵심인 것이다.

평소에 서로 아무런 소통을 하지 않다가 갑자기 코칭 면담을 하는 것은 사실상 불가능한 일이다. 그러나 실제 많은 기업들이 평소에는 업무적 소통이 거의 없는 상태에서 수시코칭이라는 명목으로 공식적인 면담을 하고 있다. 이러한 면담은 진정성 있는 깊이 있는 대화로 이어지기 매우 어렵다. 따라서 이제 수시코칭을 '일상에서 리더와 구성원의 소통을 강화하고 그 결과를 일정주기별로 기록하는 것'이라는 관점으로 재정립하는 것이 필요하다고 본다.

[표 20] 공식적 수시코칭 vs. 비공식적 수시코칭

구분	공식적 수시코칭	비공식적 수시코칭
개념	• 인사제도 관점에서 일정 주기로 시행하는 코칭	• 일터에서 일상적으로 이루어지는 대화
주기	• 월, 분기, 반기 등(보통 분기 코칭)	• 상시(Tea time의 개념)
기록	• 수시코칭 보고서 작성	• 기록하지 않음
활용	• 향후 최종평가의 근거로서 활용(최종평가의 예측가능성을 제고함)	• 공식적으로 활용하지 않음
시사점	• 공식적 수시코칭은 비공식적 수시코칭을 전제로 가능함	• 비공식적 수시코칭을 통해서 리더와 구성원간 신뢰를 제고할 수 있음

7 수시코칭 절차와 원칙

수시코칭 시행 절차에 대해서 살펴보자. 분기별로 수시코칭이 이루어지는 것을 가정하고 설명하기로 하자.

그림 46 수시코칭 시행 절차

1단계		2단계		3단계	
비공식적 수시코칭 (연중)	⇨	공식적 수시코칭 사전 준비	⇨	공식적 수시코칭 면담	⇨
4단계		**5단계**		**6단계**	
공식적 수시코칭 보고서 작성	⇨	공식적 수시코칭 피드백	⇨	비공식적 수시코칭 (연중)	

1단계는 비공식적 수시코칭의 연중 시행이다. 앞서 강조하였지만 평소 업무상 소통을 하는 것이 매우 중요하다. 리더와 구성원은 수시로 티타임(Tea-time)을 통해 업무에 대해서 충분히 논의해야 한다. 이 과정을 통해서 리더와 구성원의 신뢰가 제고되고 공식적 수시코칭을 할 수 있는 분위기가 만들어지게 된다.

2단계는 공식적 수시코칭의 사전준비 단계이다. 먼저 코치이(coachee)는 수시코칭을 위한 자료를 작성한다. 수시코칭 보고서 양식지를 활용하여 주요활동(Action), 수행결과(Result), 다음분기 핵심계획(Tomorrow)에 대하여 기술한다. 코치(coach)는 코칭면담 전 코치이(coachee)가 작성한 자료를 검토한다.

3단계는 공식적 수시코칭 면담 단계이다. 수시코칭 면담은 평소의 업무상 대화를 공식적으로 정리하는 관점으로 진행한다. 즉, 평소 소통의 연장선 개념으로 보는 것이 중요하다. 수시코칭 면담 요령에 대해서는 이하 글에서 별도로 설명하기로 한다.

4단계는 공식적 수시코칭 보고서 작성 단계이다. 코치(coach)는 코치이(coachee)로부터 수시코칭 보고서를 전달받은 후 종합의견을 기재한다. 반드시 점수를 부여할 필요는 없으며 코치의 메시지를 전달하는 것이 중요하다. 보통 성과목표별로 기대초과, 기대충족, 기대미흡 중 하나의 메시지를 선택한다.

5단계는 공식적 수시코칭 피드백 단계이다. 코치(coach)는 코치이(coachee)에게 수시코칭 결과를 피드백한다. 피드백은 수시코칭 보고서 양식으로 전달하는 것이 가장 무난하다. 피드백을 통해 성과목표별로 코치(coach)의 메시지(기대초과, 기대충족, 기대미흡 등)가 코치이(coachee)에게 전달된다. 피드백 이후 코치(coach)와 코치이(coachee) 사이에 추가적인 소통이 발생할 수 있다. 예를 들어 코치이(coachee)는 성과목표를 정상적으로 수행(기대충족)하였다고 보았지만, 코치(coach)가 부족하다(기대미흡)라는 메시지를 전달한 경우 서로 이야기를 나누어야 할 것이다. 이러한 과정을 통해 서로간의 기대치의 차이를 줄이며 향후 최종평가에 대한 예측가능성을 높일 수 있다.

6단계는 다시 비공식적 수시코칭의 연중 시행이다. 공식적 수시코칭이 마무리됨과 동시에 자연스럽게 평소 업무상 소통을 통해서 비공식적 수시코칭을 시작한다.

다음으로 수시코칭 원칙에 대해서 살펴보자.

첫 번째 수시코칭은 성과책임(accountability)을 달성하기 위한 활동이다. 수시코칭은 '성과목표를 달성하도록 돕는 것'이다. 그리고 성과목표란 '성과책임을 달성하기 위해 반드시 해야 할 중요한 일'이다. 따라서 수시코칭의 궁극적인 목적은 성과책임을 달성하기 위한 활동이라고 볼 수 있다.

두 번째 수시코칭의 핵심은 질문과 경청이다. 수시코칭 시 누가 대화를 주도해야 할까? 대부분의 경우 코치(coach)가 대화를 이끌어 나간다. 그러나 이러한 코칭은 지시와 통제 관점의 잔소리와 지적질이 될 가능성이 높다. 수시코칭은 코치이(coachee)가 더 많은 이야기를 할 수 있도록 해야 한다. 코치(coach)는 질문을 하고 코치이(coachee)가 충분히 말할 수 있도록 해야 한다. 그리고 코치(coach)는 코치이(coachee)의 의견을 경청하는 자세가 필요하다. 코칭과 관련하여 매우 중요한 격언이 하나 있다. '질문하지 않는 리더는 구성원을 바보로 만든다' 우리는 이 격언을 반드시 기억할 필요가 있다.

세 번째 코치는 객관적 사실(fact)을 근거로 주관적 의견을 전달해야 한다. 코치는 주관적인 의견을 말하지만 자의적이어서는 안된다. 그렇기 때문에 항상 객관적 사실(fact)에 기반해야 한다. 따라서 코치(coach)는 코치이(coachee)에게 수시코칭 보고서 양식에 주요활동(Action), 수행결과(Result), 다음분기 핵심계획(Tomorrow) 등 업무수행에 대한 구체적인 내용을 작성하도록 요청하는 것이 반드시 필요하다.

네 번째 수시코칭은 기록되어야 한다. 그러나 반드시 점수화할 필요는 없다. 그래서 수시코칭 결과를 기대초과, 기대충족, 기대미흡 등 3단계의 메시지로 작성한다. 이러한 수시코칭 메시지를 통해서 코치(coach)와 코치이

(coachee) 사이의 소통이 강화되고 서로간의 기대치의 차이를 줄일 수 있다.

다섯 번째 수시코칭을 통하여 평가결과를 예측할 수 있도록 한다. 수시코칭의 매우 중요한 목적은 최종평가의 예측가능성을 높이는 것이다. 예측가능성의 제고를 통하여 최종평가의 수용성을 높일 수 있다.

여섯 번째 수시코칭은 개인의 역량수준에 따라서 다르게 접근하여야 한다. 코칭 시 중요한 포인트는 코치이(coachee)의 역량수준이다. 해당 직무와 관련하여 역량수준이 높은 경우에는 방향성 설정 관점의 코칭이 바람직하다. 반대로 역량수준이 낮은 경우에는 좀 더 구체적인 업무수행 관점의 코칭이 필요할 것이다.

일곱 번째 비공식적인 코칭(tea time)을 통해 진정한 코칭이 가능하다는 것을 기억해야 한다. 앞서 강조하였지만 공식적 수시코칭은 코치(coach)와 코치이(coachee)의 신뢰를 전제로 한다. 따라서 우리가 집중해야 할 것은 오히려 비공식적 코칭인 일터에서의 일상적인 소통을 강화하는 것이라고 볼 수 있다.

〈수시코칭의 7가지 원칙〉

- 수시코칭은 성과책임(accountability)을 달성하기 위한 활동임
- 수시코칭의 핵심은 질문과 경청임
- 코치는 객관적 사실(fact)을 근거로 주관적 의견을 전달해야 함
- 수시코칭은 기록되어야 함(그러나 반드시 점수화 할 필요는 없음) [기대초과, 기대충족, 기대미흡 등 메시지 전달]
- 수시코칭을 통하여 평가결과를 예측할 수 있도록 함
- 수시코칭은 개인의 역량수준에 따라서 다르게 접근하여야 함
- 비공식적인 코칭(tea time)을 통해 진정한 코칭이 가능하다는 것을 기억해야 함

8 수시코칭 면담 이슈

리더는 수시코칭 면담을 매우 어려워한다. 따라서 인사팀은 좀 더 구체적으로 수시코칭 요령을 제시하는 것이 필요하다. 실무적으로 아래와 같이 수시코칭 면담카드를 만들어서 리더에게 활용하도록 하면 좋을 것 같다. 분기별로 수시코칭이 이루어지는 것을 가정하고 설명하기로 하자.

첫 번째 단계는 '도입'이다.(1~2분)

수시코칭 시 처음 이야기할 내용은 수시코칭의 목적이다. 수시코칭의 목적은 '성과목표를 달성하도록 돕는 것'이다. 대부분의 코치(coach)들은 코치이(coachee)가 수시코칭의 목적을 알고 있을 것이라고 가정하고 수시코칭 목적에 대한 언급 없이 코칭을 시작한다. 그러나 코치이(coachee)는 업무상 지적이나 질책에 대한 두려움을 가지고 코칭에 임하는 경우가 많다. 따라서 코치(coach)는 코칭 시작 전 "코칭은 당신을 돕기 위한 것입니다. 우리 편안하게 이야기 해 봅시다"라고 코칭의 목적을 명확히 밝힌 후 코칭을 시작하는 것이 필요하다.

두 번째 단계는 '칭찬 코칭'이다.(3~5분)

세상에 칭찬을 싫어하는 사람은 없다. 반대로 지적을 좋아하는 사람도 없다. 보통 코칭 시 무엇인가를 개선해야 한다는 생각에서 먼저 문제점에 대해서 이야기 하는 경우가 많다. 그러나 누구든지 문제점 등 지적을 받게 되면 기분이 상하고 위축되어 원만한 대화가 이루어지기 어렵다. 따라서 먼저 칭찬을 하는 것이 바람직하다. 코치(coach)가 "여러 성과목표 중에서 가장 잘 진행된 성과목표는 무엇인가요?"라고 질문해 보자. 코치이(coachee)의 얼굴표정이 밝아지면서 편안하게 대화가 시작될 것이다. 이러한 칭찬 코칭을 통해 인정의 메시지를 먼저 전달하는 것이 바람직하다.

세 번째 단계는 '개선 코칭'이다.(5~10분)

칭찬만 하고 코칭을 마칠 수는 없다. 반드시 부족한 부분에 대해서 이야기를 해야 한다. 칭찬 코칭을 통해서 서로 간에 좋은 분위기가 형성되어 있기 때문에 개선 코칭이 좀 더 부드럽게 진행될 수 있다. 코치(coach)가 "아쉬움이 남는 성과목표는 무엇인가요? 그 원인은 무엇이라고 생각하나요?"라고 질문한다. 이러한 질문을 통해 성과목표 중 부족한 부분과 개선점에 대해서 충분히 이야기 한다. 그리고 코치(coach)는 "내가 어떤 점을 도와 줄까요?"라고 이야기 한다. 이 질문을 통해 수시코칭이 '당신을 돕기 위한 것'이라는 점을 분명하게 확인시킬 수 있다. 나아가 코치(coach)의 진심을 코치이(coachee)에게 전달할 수 있다.

네 번째 단계는 '향후 계획'이다.(5~10분)

코칭은 과거지향적보다는 미래지향적으로 이루어져야 한다. 따라서 자연스럽게 다음분기에 대한 계획에 대하여 이야기 하는 것이 필요하다. 코치(coach)는 "다음 분기에 가장 중요한 계획은 무엇인가요?"라고 질문한다. 이 질문을 통해 다음 분기의 핵심이슈에 대해서 이야기 한다. 분기별 계획을 수시코칭을 통해서 수립하는 것이다. 일부 기업들은 분기별 계획을 별도로 수립하기도 한다. 그러나 목표합의 후 또 다시 분기별 계획을 수립하게 되면 리더와 구성원이 페이퍼워크 부담 등 여러 가지 애로를 호소하게 된다. 따라서 수시코칭 시 다음분기 대한 논의를 통해 분기별 핵심이슈에 대해서 계획하는 것이 바람직하다.

다섯 번째 단계는 '마무리'이다.(2~3분)

수시코칭을 하다보면 서로간에 의견차이가 생기기도 하고 갈등상황으로 이어지기도 한다. 그러나 가급적 수시코칭 마무리는 서로 간에 오해를 풀고 긍정적으로 하는 것이 필요하다. 코치(coach)는 "이번 코칭 어땠나요? 다음분기에는 더욱 힘을 내 봅시다"라고 말하여 긍정과 희망의 메시지로 마무리하도록 하자.

상기와 같이 구체적 내용의 수시코칭 면담카드를 제안하는 이유는 무엇일까? 리더가 수시코칭을 너무 어려워하기 때문이다. 따라서 리더가 수시코칭 면담카드를 수시코칭 시 책상 옆에 두고 천천히 따라서 진행하는 것을 권하고 싶다. 이러한 훈련을 통해서 보통의 리더가 멋진 코치로 변화되는 기적 같은 일이 일어날 것이다.

○──● [표 21] ▮ 수시코칭 면담카드

NO	주제	핵심 질문과 메시지	시간
1	도입	**"코칭은 당신을 돕기 위한 것입니다"** **"우리 편안하게 이야기 해 봅시다"** [수시코칭은 '당신을 돕기위한 것'이라는 코칭의 목적을 설명함]	1~2분
2	칭찬 코칭	**"가장 잘 진행된 성과목표는 무엇인가요?"** [인정의 메시지 전달]	3~5분
3	개선 코칭	**"아쉬움이 남는 성과목표는 무엇인가요?"** **"원인은 무엇이라고 생각하나요?"** **"리더가 도울 부분이 있다면?"** [개선을 위한 논의]	5~10분
4	계획	**"다음 분기의 가장 중요한 계획은 무엇인가요?"** [다음분기 계획에 대한 논의]	5~10분
5	마무리	**"이번 코칭 어땠나요?"** **"다음 분기에는 더욱 힘을 내 봅시다"** [긍정과 희망의 메시지로 마무리함]	2~3분

※ 칭찬 코칭을 먼저 하고 개선 코칭을 나중에 하는 것이 중요함

9 수시코칭 보고서 작성 이슈

수시코칭 보고서 양식을 통하여 수시코칭 보고서 작성이슈에 대해서 살펴보자. 분기별로 수시코칭이 이루어지는 것을 가정하고 설명하기로 하자. 인사담당의 수시코칭 보고서 예시이다.

수시코칭 보고서의 내용은 크게 중점추진과제(성과목표), 세부추진계획, 평가비중, 주요활동(Action), 수행결과(Result), 다음분기 핵심계획(Tomorrow), 종합의견과 메시지(기대초과, 기대충족, 기대미흡)으로 구성된다.

먼저 작성자를 기준으로 내용을 구분해 보자. 코치(coach)는 '종합의견과 메시지'만을 작성하고 코치이(coachee)가 '중점추진과제(성과목표), 세부추진계획, 평가비중, 주요활동(Action), 수행결과(Result), 다음분기 핵심계획(Tomorrow)' 등을 작성하는 것을 원칙으로 한다.

[표 22] 수시코칭 보고서 작성자 구분

코치이(coachee) 작성	코치(coach) 작성
1. 중점추진과제(성과목표) 2. 세부추진계획 3. 평가비중 4. 주요활동(Action) 5. 수행결과(Result) 6. 다음분기 핵심계획(Tomorrow)	1. 종합의견 2. 메시지(기대초과, 기대충족, 기대미흡)

수시코칭 보고서의 핵심은 'ART'로 표현할 수 있다. 수시코칭은 '예술(ART)이다'라고 기억해도 좋을 것 같다. ART는 주요활동(Action), 수행결과(Result), 다음분기 핵심계획(Tomorrow)을 의미하다. 즉 먼저, 해당분기에 수행하였던 주요활동(Action)을 작성한다. 그리고 해당 활동의 결과(Result)를 작성한다. 결과는 긍정적인 측면과 부정적인 측면으로 구분하여 작성하도록 한다. 마지막으로 미래지향적인 관점에서 다음분기 핵심계획(Tomorrow)을 작성한다.

이하에서는 항목별 작성요령에 대해서 살펴보기로 한다.

첫 번째 내용은 '중점추진과제(성과목표)'이다.

중점추진과제(성과목표)는 목표합의서의 내용을 기준으로 작성한다.

예시에서 인사담당은 경력사원의 안정적 운영, 면접제도의 개선, 인사평가 개편 방향 수립, 보상제도 전산프로그램 개발, 선택적 근로시간제 도입 등 성과목표를 수립하였다.

두 번째 내용은 '세부추진계획'이다.

세부추진계획은 코치(coach)와 코치이(coachee)가 목표합의 후 성과목표 실행을 위해 수립한 계획(연단위, 반기단위, 분기 단위 등)을 작성한다. 구체적인 절차와 방법 및 세부기한이 명시되도록 한다.

1번 목표인 '경력사원의 안정적 운영'을 예를 들어보자. 세부추진계획을 '2월까지 회사의 인재상을 확립하여 경력사원 채용기준을 수립함. 또한 경력사원의 안정을 위하여 3월까지 동업계를 중심으로 면담제도를 벤치마킹함'이라는 분기 계획을 수립하였다.

세 번째 '평가비중'이다.

평가비중도 목표합의서의 내용을 기준으로 작성한다. 예시에서 경력사원의 안정적 운영(20%), 면접제도의 개선(10%), 인사평가 개편 방향 수립(20%), 보상제도 전산프로그램 개발(20%), 선택적 근로시간제 도입(30%)로 설정하였다.

네 번째 내용은 '주요활동(Action)'이다.

중점추진과제(성과목표)와 관련하여 해당분기에 수행한 업무를 구체적으로 작성한다.

1번 목표인 '경력사원의 안정적 운영'을 예를 들어보자. 주요활동(Action)을 '전사 워크숍을 통하여 회사의 인재상을 도출하였고 경력사원 채용기준을 수립함'이라고 작성하였다. 가급적 본인이 수행한 업무를 구체적으로 작성하도록 한다.

다섯 번째 내용은 '수행결과(Result)'이다.

수행결과는 잘한 점과 아쉬운 점으로 구분하여 작성한다. 잘한 점과 아쉬운 점으로 구분하게 되면 수행결과를 좀 더 명확하게 서술하는 것이 가능하다.

1번 목표인 '경력사원의 안정적 운영'을 예를 들어보자. 잘한 점으로 '전사 워크숍이 매우 성공적으로 시행됨'이라고 작성하였고 아쉬운 점으로 '경력사원 면담제도에 대한 조사가 이루어지지 않음'으로 작성하였다. 잘한 점과 아쉬운 점을 구분함으로서 업무수행 결과에 대하여 스스로 돌아보는 계기가 될 수 있다.

여섯 번째 내용은 '다음분기 핵심계획(Tomorrow)'이다.

다음분기 핵심계획은 수시코칭이 '과거에 대한 질책'이 아니라 '미래에 대한 계획'이라는 관점에서 접근하기 위해서 반드시 작성해야 하는 내용이다. '경력사원 인재상 수립을 완료함과 경력사원 면담제도 초안을 작성함'이라고 기록하였다. 이를 통해 다음분기에 가장 집중해야 할 업무에 대해서 확인하는 역할을 하게 된다. 수시코칭 면담을 통해서 다음분기 핵심계획(Tomorrow)은 수정・보완될 수 있다.

일곱 번째 내용은 '종합의견과 메시지'이다.

종합의견은 코치(coach)가 종합적 의견을 기재하고 메시지(기대초과, 기대충족, 기대미흡)를 선택한다. 향후 수시코칭 피드백을 통하여 코치이(coachee)에게 메시지를 전달한다. 이를 통하여 최종평가에 대한 예측가능성을 높이고 평가결과의 수용성을 제고할 수 있다. 또한 수시코칭 피드백 후 코치(coach)와 코치이(coachee)간에 추가적인 논의가 필요할 수 있다.

1번 목표인 '경력사원의 안정적 운영'을 예를 들어보자. 종합의견으로 '경력사원 채용기준이 수립되었음. 다만, 경력사원 안정을 위한 제도수립이 요구됨'이라고 작성하였다. 그리고 메시지는 기대초과, 기대충족, 기대미만 중 '기대충족'으로 선택하였다. 결론적으로 코치(coach)는 코치이(coachee)에게 성과목표가 기대수준으로 진행되고 있다는 메시지를 전달한 것으로 볼 수 있다.

수시코칭 보고서 양식에 대해서 정리해보자. 수시코칭 보고서 양식은 목표합의서를 기준으로 작성되어야 한다. 그리고 ART 즉, 주요활동(Action), 수행결과(Result), 핵심계획(Tomorrow)이 반드시 기록되어야 한다. 그리고 코치(coach)의 종합의견과 메시지(기대초과, 기대충족, 기대미흡)가 명확히 표기되는 것이 중요하다.

그림 47 수시코칭(1/4분기)-(김인사) (A.R.T)

NO	중점추진과제 (성과목표)	세부추진계획	평가 비중	주요활동 (Action)	수행결과 (Result)		다음분기 핵심계획 (Tomorrow)	종합의견과 메시지
	코치이(coachee) 작성							코치(coach) 작성
1	경력사원의 안정적 운영	• 2월까지 회사의 인재상을 확립하여 경력사원 채용기준을 수립함. 또한 경력사원의 안정을 위하여 3월까지 동업계를 중심으로 면담제도를 벤치마킹함	20%	전사 워크숍을 통하여 회사의 인재상을 도출하였고 경력사원 채용기준을 수립함	잘한 점	전사 워크숍이 매우 성공적으로 시행됨	• 경력사원 인재상 수립을 완료함 • 경력사원 면담제도 초안을 작성함	• 경력사원 채용기준이 수립되었음. 다만, 경력사원 안정을 위한 제도 수립이 요구됨 (기대초과, **기대충족**, 기대미만)
					아쉬운 점	경력사원 면담제도에 대한 조사가 이루어지지 않음		
2	신입사원 면접 제도 개선	• 3월까지 제도 진단 후 인재상 확인이 가능한 면접방식(PT면접, 워크숍면접 등)의 세부 기획안을 마련하고, 6월 말까지 세부 수정 및 최종승인을 통한 최적안을 마련함	10%	4월까지 현재, 당사의 면접제도의 문제점을 분석하고 동업계(신세계, 현대, 롯데, 코스트코, 이케아) 면접제도를 벤치마킹을 완료함. 이를 통하여 당사의 면접제도 개선 방향성을 수립함	잘한 점	동업계 벤치마킹 시 글로벌기업까지 확대 시행함	• 상반기 공개채용 시 변경된 면접제도를 시행함	• 당사의 면접제도의 문제점을 잘 분석하였고 업무가 기대이상으로 수행됨 (**기대초과**, 기대충족, 기대미만)
					아쉬운 점	-		
3	인사평가제도 개편방향 수립	• 3월까지 10여개 업체로부터 제안 및 견적서를 수령하고, 5월까지 예산 및 컨설팅 역량이 좋은 업체를 선임하고, 8월까지 합리적인 개편방안을 수립하도록 함	20%	1/4분기에 고용노동부 근로감독 대응 및 후속조치작업으로 인하여 인사평가제도 개편에 대한 업무를 진행하지 못하였음	잘한 점	-	• 인사평가 제도 문제점을 분석하고 컨설팅 업체 선정 절차를 진행함	• 신속한 업무진행이 요구됨 • 인사보조담당 사직에 대한 충원진행 예정임 (기대초과, 기대충족, **기대미만**)
					아쉬운 점	업무 미진행		
4	보상제도 전산프로그램 개발	• 3월까지 계약직 급여지급 시 문제점을 분석하고 개선방안을 수립함	20%	점포별 계약직 담당자와 3회 회의를 시행함. 이를 통하여 전산 문제점과 개발 포인트를 도출함	잘한 점	현업의 전산담당자와 밀접하게 소통함	• 계약직 급여 전산 개발 범위를 구체적으로 확정함	• 당초 계획대로 순조롭게 진행되고 있음 (기대초과, **기대충족**, 기대미만)
					아쉬운 점	-		
5	선택적 근로시간제 도입	• 현재, 근로시간관리에 대한 문제점을 분석하고 사무직 선택적 근로시간제 도입을 위한 사전 준비를 시행함	30%	근로시간 운영 관련 직원들의 니즈를 조사하고 간담회를 시행하여 선택적 근로시간제 도입 공감대를 형성시킴	잘한 점	직원간담회 2회 시행	• 선택적 근로시간제 도입을 위한 근로자 대표 서면 합의 절차를 완료함	• 당초 계획대로 순조롭게 진행되고 있음 (기대초과, **기대충족**, 기대미만)
					아쉬운 점	-		
			100%					

10 최종평가 절차와 원칙

최종평가 시행 절차에 대해서 살펴보자.

그림 48 최종평가 시행 절차

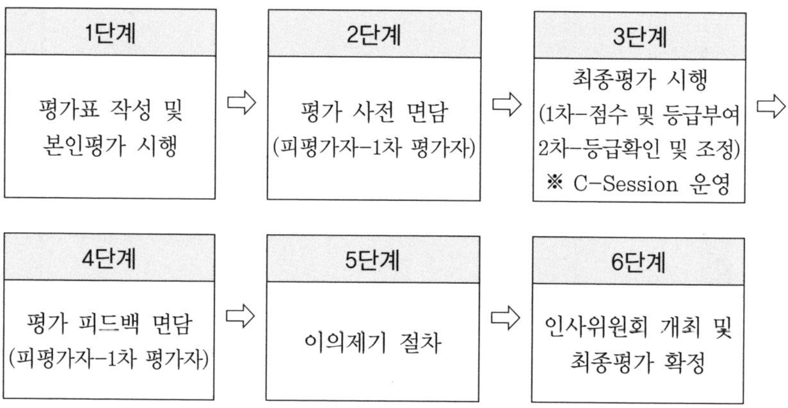

1단계는 '평가표 작성 및 본인평가 시행'이다. 피평가자는 평가표를 작성하고 스스로 자기평가 관점의 본인평가를 시행한다.(평가표 작성에 대해서는 별도로 설명하기로 한다) 본인평가 결과는 점수 비중으로 반영하지 않고 최종평가 시 참고자료로 활용하는 것이 바람직하다.

2단계는 '평가 사전 면담'이다. '평가 사전 면담'은 평가자가 피평가자의 의견을 듣는 절차이다. 피평가자는 최종평가 시행 전 본인의 성과에 대해서 평가자에게 충분히 설명할 수 있는 기회를 갖는 것이 필요하다. 이러한 '평가 사전 면담' 절차를 통해서 최종평가 결과에 대한 수용성을 높일 수 있다.

3단계는 '최종평가 시행'이다. 1차 평가자는 평가점수와 평가등급을 부여한다. 그리고 2차 평가자는 평가등급을 확인하고 조정하는 역할을 수행한다.

4단계는 '평가 피드백 면담'이다. 1차 평가자는 평가등급을 피평가자에게 전달하고 피드백 면담을 통해서 평가 내용과 평가등급 결정 과정에 대해서 설명한다.

5단계는 '이의제기 절차'이다. 평가등급에 대해서 이의가 있는 경우 피평가자는 공식적으로 이의제기 신청을 할 수 있다.

6단계는 '인사위원회 개최 및 최종평가 확정'이다. 인사위원회를 개최하여 이의제기에 대해서 심사하고 최종으로 평가결과를 확정한다.

다음으로 최종평가 원칙에 대해서 살펴보자.

첫 번째 최종평가는 성과책임(accountability) 달성 결과를 인정하는 활동이다. 최종평가는 과연 무엇일까? 사람이 내 마음에 들었는지를 평가하는 것이 아니라 성과책임 달성 결과를 인정하는 것이다. 즉, 최종평가는 성과책임 관점에서 시행되어야 한다. 지금까지 성과책임 달성을 위해서 목표합의와 수시코칭을 시행하였다. 그리고 마지막 단계를 통해 성과책임을 달성한 사람을 인정하는 활동이 바로 최종평가인 것이다.

두 번째 전체를 평가하지 않고 개별 성과목표를 평가한다. 우리나라의 대부분의 리더는 사람 전체를 평가한다. 예를 들어 김대리는 '잘 했어'

그리고 박대리는 '못 했어'라고 평가하는 것이다. 그러니 이것은 큰 오해이다. 최종평가는 개별 성과목표별로 이루어져야 한다. 즉, 1번 목표, 2번 목표, 3번 목표 등 성과목표별로 평가자가 의견을 개진하는 것이 최종평가이다.

세 번째 평가는 주관적인 것이다. 다만 자의적이어서는 안된다. 계속 강조하였지만 평가의 본질은 주관이다. 다만, 객관적인 사실(fact)을 기반으로 주관적 의견을 개진하는 것이다. 그러나 평가자가 자기 마음대로 자의적으로 평가하는 것은 절대로 금지되어야 한다.

네 번째 목표와 대비하여 평가를 시행한다.(절대평가 시행) 상대평가를 통해 순위를 내리는 것은 큰 의미가 없다. 성과관리는 목표합의-수시코칭-최종평가의 절차로 시행된다. 목표를 수립하였기 때문에 당연히 절대평가가 이루어져야 한다.

다섯 번째 평소 태도를 배제하고 업무수행 결과를 평가한다. 평가자도 사람이기 때문에 평소의 태도가 평가결과에 영향을 주게 된다. 그러나 최종평가는 업무수행 결과를 평가하는 것이다. 의지적으로 태도를 배제하는 노력이 필요하다.

여섯 번째 평가면담(평가 사전 면담/평가 피드백 면담)을 반드시 시행한다. 성과관리의 모든 과정은 소통으로 이루어진다. 최종평가도 마찬가지이다. 평가 사전 면담과 평가 피드백 면담을 통해서 충분한 소통이 이루어져야 한다. 평가 결과에 대한 수용성은 소통을 전제로 가능하다는 것을 기억해야 한다.

일곱 번째 최종평가 시 성과관리 만족도를 조사한다. 정기적인 성과관리 만족도 조사를 통하여 목표합의, 수시코칭, 최종평가 절차의 준수

여부를 점검하고 성과관리의 효과성을 진단하는 것이 필요하다.

〈최종평가 7가지 원칙〉

- 최종평가는 성과책임(accountability)달성 결과를 인정하는 활동이다.
- 전체를 평가하지 않고 개별 성과목표를 평가한다.
- 평가는 주관적인 것이다. 다만 자의적이어서는 안된다.
- 목표와 대비하여 평가를 시행한다.(절대평가)
- 평소 태도를 배제하고 업무수행 결과를 평가한다.
- 평가 면담(평가 사전 면담 / 평가 피드백 면담)을 반드시 시행한다.
- 최종평가 시행 시 성과관리 만족도를 조사한다.

11 평가 사전 면담 & 평가 피드백 면담

최종평가 시 면담의 중요성을 앞서 언급하였다. 평가 사전 면담과 평가 피드백 면담으로 구분해서 자세히 살펴보자.

[표 23] 최종평가 면담

<table>
<tr><th colspan="2">비고</th><th>평가 사전 면담</th><th>평가 피드백 면담</th></tr>
<tr><td colspan="2">목적</td><td>• 공정한 최종평가 시행과 평가 예측 가능성 제고</td><td>• 최종평가의 수용성 제고</td></tr>
<tr><td colspan="2">면담 방향성</td><td>• 평가자와 피평가자가 의견을 공유하는 시간임</td><td>• 피평가자에게 평가결과를 설명하는 시간임</td></tr>
<tr><td rowspan="2">평가자</td><td>준수사항</td><td>• 면담 전 피평가자의 성과에 대하여 충분히 사전 검토 후 면담에 임함
• 구체적 근거(fact)를 바탕으로 면담을 진행함(수시코칭 기록 등)
• 면담 후 피평가자가 본인의 평가결과를 어느 정도 예측할 수 있도록 함</td><td>• 평가등급 통보 후 일정시간 경과 후 면담을 하는 것이 바람직함 [놀람 → 거부 → 고민 → 수용]
• '고민' 단계에서 평가 피드백 면담을 하는 것이 적정한 시점임 (평가등급 통보 후 1~2일 후)
• 평가결과 결정 근거와 과정을 설명함
• 평가 피드백 면담 후 비공식적인 면담이 추가적으로 필요할 수 있음</td></tr>
<tr><td>금지사항</td><td>• 상호간의 의견차이가 발생할 수 있으며 무리한 설득은 지양한다.
• 평가자가 일방적으로 면담을 진행하지 않는다.</td><td>• 면담 시 다른 직원과 비교하지 않는다.
• 평가 피드백 면담이 갈등으로 이어지지 않도록 유의한다.</td></tr>
</table>

먼저 평가 사전 면담이다.

평가 사전 면담은 최종평가 시행 전 시행하는 면담으로서 공정한 최종평가와 평가 결과에 대한 예측가능성을 높이기 위한 목적으로 시행한다. 즉, 최종 평가 시행 전 평가자와 피평가자가 서로 충분히 의견을 나누는 시간으로 볼 수 있다. 피평가자 입장에서는 평가자에게 하고 싶은 이야기가 많을 것이다. 따라서 최종평가 시행 전 피평가자의 의견을 들어주는 것은 평가의 공정성 제고에 도움이 될 수 있다. 다만, 피평가자의 기대가 너무 높아지게 되면 향후 평가결과의 수용성에 악영향을 끼칠 수 있다. 따라서 평가자는 피평가자에게 평가결과를 예측할 수 있도록 본인의 메시지를 전달하는 것이 매우 중요하다.

평가자는 면담 전 피평가의 성과에 대하여 충분히 사전 검토 후 면담에 임해야 한다. 또한 면담 시 자의적인 의견이 아니라 구체적 근거(fact)를 바탕으로 면담을 진행한다. 가장 중요한 것은 면담 후 피평가자가 본인의 평가결과를 어느 정도 예측할 수 있어야 한다는 점이다. 예를 들어 피평가자는 면담 후 'S'평가를 기대했는데 'B'평가가 나온다면 오히려 평가의 수용성은 낮아질 것이다. 쉽게 표현해서 면담 시 '비행기를 태워서는 곤란하다'라고 기억하면 좋을 것 같다.

평가 사전 면담 시 피평가자는 좋은 평가를 받기 위한 마음 때문에 방어적 태도를 보이게 된다. 따라서 상호간에 의견차이에 대해서 무리하게 설득하는 것은 바람직하지 않다. 그리고 평가 사전 면담은 피평가자의 의견을 듣는 것이 매우 중요하다. 그러므로 평가자가 일방적으로 면담을 진행하지 않도록 유의해야 한다.

다음으로 평가 피드백 면담이다.

평가 피드백 면담은 평가등급 통보 후 시행하는 면담이다. 평가 피드백 면담은 최종평가에 대한 수용성 제고 목적으로 시행된다. 즉, 평가등급 통보 후 평가자가 피평가자에게 평가결과를 설명하는 시간으로 볼 수 있다. 평가 피드백 면담 시행 시 매우 중요한 점은 평가 피드백 면담 시점이다. 평가 피드백 면담을 언제 하는 것이 좋을까? 평가 피드백 면담 시점과 관련해서는 다양한 의견이 존재한다.(평가등급 통보시점, 평가등급 통보 후 1~2일 후, 평가등급 통보 후 3~4일 후, 평가등급 통보 후 일주일 후 등) 보통 평가등급 통보 후 1~2일 후 정도를 적정한 시점으로 본다. 평가등급 피드백 면담 시점은 피평가자의 마음 상태를 고려하는 것이 필요하다. 여러분이 만약 평가등급을 받았다고 가정해 보자. 어떠한 마음이 들까? 아마도 평가등급에 대해서 만족하는 경우보다 불만족할 가능성이 더 높을 것이다. 따라서 피평가자는 평가등급에 대해서 '놀람 → 거부 → 고민 → 수용'의 감정 단계를 거치게 된다. 피평가자는 평가등급을 통보받게 되면 먼저 놀라게 된다. 본인이 예상했던 평가등급보다 낮다고 생각하는 것이다. 그리고 이러한 놀람은 거부로 이어진다. 이런 평가등급을 받아들일 수 없다고 생각한다. 그러나 시간이 1~2일 지나고 나면 '왜 그런 결과가 나왔을까?'라는 고민(궁금)으로 연결된다. 보통 이 시점에서 평가 피드백 면담을 하는 것이 적정하다고 본다.

평가 피드백 면담 시 평가결과 결정 근거와 과정을 자세하고 솔직하게 설명한다. 평가 피드백 면담의 경우 공식적인 면담만으로 부족할 수 있기 때문에 향후 비공식적인 면담의 시간을 갖는 것이 필요할 수 있다.

평가 피드백 면담 시 절대 다른 직원과 비교하지 않아야 한다. 일부 평가자가 다른 직원과 비교를 통해서 평가결과의 수용성을 높이려고 하는 경우가 종종 있다. 그러나 이것은 절대 금기사항이다. 우리가 시행하는 평가는 절대평가이기 때문에 다른 사람과 비교를 하게 되면 오히려 논리적 근거가 약해지고 공정성 제고에 도움이 되지 않는다. 우리가 어렸을 때 친구와 비교를 당하면 어떤 기분이었는지 생각해 보면 좋을 것 같다. 그리고 평가 피드백 면담 시 서로간의 입장차이가 크기 때문에 심한 갈등으로 연결될 수 있다. 따라서 서로간의 단어 선택 및 감정 표현 등에 유의하여야 한다.

아래는 '평가 사전 면담' 카드와 '평가 피드백 면담' 카드 예시이다. 평가 면담 시 활용하면 좋을 것 같다.

먼저 '평가 사전 면담' 카드이다.

그림 49 평가 사전 면담 카드

NO	구분	면담 핵심 질문과 메시지	시간
1	도입	**"평가 사전 면담은 공정한 평가를 위해 실시합니다."** **"우리 편안하게 이야기 해 봅시다"** [평가 사전 면담의 목적을 명확히 설명]	1~2분
2	성과논의 (우수↔미흡)	**"가장 잘 진행된 성과목표는 무엇인가요?"** [우수 성과 인정]	30~40분
		"아쉬움이 남는 성과목표는 무엇인가요?" [미흡 성과 논의]	
3	종합의견	**"나는 올해의 성과에 대해서 ~ 게 생각합니다"** [리더의 의견 개진을 통한 평가 예측가능성 제고]	5~10분
4	마무리	**"평가 사전면담 어땠나요?"** **"평가 후에 다시 한번 만납시다"** [향후 면담 계획 전달]	1~2분

첫 번째 단계는 '도입'이다.(1~2분)

면담 시 반드시 면담의 목적을 설명하는 것이 매우 중요하다. 평가자는 피평가자에게 평가 사전 면담은 당신의 이야기를 듣기 위한 시간이라는 것을 먼저 밝히고 면담을 시작한다.

두 번째 단계는 '성과 논의'이다.(30분~40분)

평가 사전 면담의 핵심은 성과에 대해서 이야기 하는 것이다. 수시코칭 면담과 마찬가지로 먼저 '우수한 성과'에 대한 인정으로 성과에 대한 이야기를 시작한다. 그리고 자연스럽게 '미흡한 성과'에 대해서 논의한다. '우수한 성과'와 '미흡한 성과' 논의를 통해 피평가자에게 업무수행과 관련하여 평가표에 작성하지 못했던 점을 충분히 설명할 수 있는 기회를 부여한다. 또한 평가자는 모든 것을 수용하는 것이 아니라 평가자 입장에서 수용가능 여부를 명확하게 설명한다.

세 번째 단계는 '종합의견'이다.(5~10분)

평가자는 평가 사전 면담 마무리 단계에서 평가자로서의 종합적인 의견('기대초과, 기대충족, 기대미흡' 관점에서 서술방식으로 표현)을 개진한다. 이러한 종합의견 전달을 통해서 최종평가 결과에 대한 예측가능성을 높일 수 있게 된다.

네 번째 단계는 '마무리'이다.(1~2분)

향후 최종평가와 평가 피드백 면담 절차를 설명한 후 긍정적으로 마무리한다.

다음은 '평가 피드백 면담'카드이다.

그림 50 평가 피드백 면담 카드

NO	구분	면담 핵심 질문과 메시지	시간
1	도입	**"평가 피드백 면담은 평가결과를 설명하고 향후 절차를 안내하기 위해서 실시합니다"** [평가 피드백 면담의 목적을 명확히 설명]	1~2분
2	의견청취	**"평가 결과 확인하셨나요?"** **"평가결과에 대한 의견은 어떠신가요?"** [평가결과에 대한 의견 청취]	5~10분
3	설명	**"회사가 평가결과를 결정한 근거는 ~ 입니다"** **"그리고 평가 결과는 ~ 과정에 따라 진행되었습니다."** [평가 결과 결정 근거와 과정 설명]	20~30분
4	향후 절차안내	**"평가결과에 대한 이의제기 절차가 있습니다"** [이의제기 절차 안내]	2~3분
5	마무리	**"내년도는 ~ 점을 계속 강화하고 ~ 점을 보완해 봅시다"** **"향후 다시 한번 만나서 이야기 합시다"** [긍정과 희망을 메시지로 마무리]	1~2분

첫 번째 단계는 '도입'이다.(1~2분)

평가 피드백 면담은 보통 평가등급 통보 후 1~2일 후에 진행한다. 평가 피드백 면담 시작 전 평가 피드백 면담의 목적을 반드시 설명한다. 평가자는 평가결과를 설명하고 향후 절차를 안내하기 위한 것이라는 것을 먼저 안내한다. 피평가자가 평가등급 확인 후 흥분상태에 있는 경우 평가 피드백 면담 시점을 다시 정하는 것이 필요할 수 있다.

두 번째 단계는 '의견 청취'이다.(5~10분)

평가자가 평가 결과를 설명하기 전 먼저 피평가자의 의견을 듣는 것이 중요하다. 오히려 피평가자는 본인이 평가결과에 대해서 억울한 점을 이야기하고 싶은 것이다. 따라서 평가등급 확인 후 어떤 생각이 들었는지 충분히 듣는 시간을 통해서 피평가자의 마음을 편안한 상태로 이끌 수 있다.

세 번째 단계는 '설명'이다.(20분~30분)

평가 피드백 면담의 목적은 평가의 근거와 결정과정을 설명하는 것이다. 평가자는 자세하고 솔직하게 평가결과 결정 근거와 평가결과 결정과정을 설명한다. 이러한 과정을 통해서도 피평가자가 평가자의 의견을 받아들이지 않는 경우가 발생할 수 있다. 그러나 최대한 평가자는 피평가자를 설득하는 관점에서 평가결과에 대해서 설명해 주어야 한다. 또한 1차 평가자와 2차 평가자의 의견이 상이한 경우 이러한 내용에 대해서도 솔직하게 밝히는 것이 좋다.

네 번째 단계는 '향후 절차 안내'이다.(2~3분)

평가자는 평가결과에 대한 이의제기 절차가 있다는 것을 안내한다.

다섯 번째 단계는 '마무리'이다.(1~2분)

평가 피드백 면담은 매우 어려운 소통이다. 공식적인 평가 피드백 면담으로 끝내지 말고 향후 티타임(Tea time) 등 비공식적인 만남을 계획하는 것이 필요할 수 있다. 가급적 갈등 상태를 해소하고 긍정과 희망의 메시지로 마무리한다.

12 성과평가 양식 작성 이슈

성과평가 양식을 통하여 성과평가 양식 작성이슈에 대해서 살펴보자. 인사담당의 성과평가 양식 예시이다.

성과평가 양식의 내용은 크게 중점추진과제[성과목표], 세부추진계획, 평가비중, 평가지표, 목표수준, 세부추진실적, 달성도, 본인평가, 평가자 평가, 평가 점수, 평가등급, 총평으로 구성된다. 먼저 작성자를 기준으로 내용을 구분해 보자.

[표 24] 성과평가 양식 작성자 구분

피평가자 작성	평가자 작성
1. 중점추진과제[성과목표]	1. 평가자 평가
2. 세부추진계획	2. 평가 점수
3. 평가비중	3. 평가등급
4. 평가지표	4. 총평
5. 목표수준	
6. 세부추진실적	
7. 달성도	
8. 본인평가	

이하에서는 항목별 작성요령에 대해서 살펴보기로 한다.

먼저 피평가자가 작성하는 내용이다. 피평가자가 작성하는 내용은 크게 목표합의 기준과 최종성과 기준으로 구분된다. 목표합의 기준으로 작성하는 내용은 '중점추진과제[성과목표], 세부추진계획, 평가비중, 평가지표, 목표수준'이다. 그리고 최종성과 기준으로 작성하는 내용은 '세부추진실적, 달성도, 본인평가'이다.

첫 번째 내용은 '중점추진과제[성과목표]'이다.

목표합의를 기준으로 성과목표를 작성한다. 목표변경 시에는 변경된 목표를 반영하여 작성한다.

두 번째 내용은 '세부추진계획'이다.

목표합의를 기준으로 하되 수시코칭 시 이루어졌던 다음분기 핵심계획을 반영하여 세부추진계획을 작성한다. 1년간의 계획을 의미하기 때문에 중요한 내용과 기한 중심으로 작성한다.

세 번째 내용은 '평가 비중'이다.

목표합의를 기준으로 평가비중을 작성한다. 최종평가 시 평가비중을 수정하게 되면 평가의 공정성에 문제가 발생할 수 있기 때문에 변경 시 신중하게 접근하여야 한다.

네 번째 내용은 '평가 지표'이다.

목표합의를 기준으로 평가 지표를 작성한다. 추가적인 평가지표를 반영할 경우에는 피평가자의 동의를 얻은 후 반영하는 것이 필요하다.

다섯 번째 내용은 '목표수준'이다.

목표합의를 기준으로 목표 수준을 작성한다. 정량목표의 경우에는 '숫자'로 정성목표의 경우에는 '결과이미지'로 표현한다. 만약 목표합의 시 구체적인 목표수준을 작성하지 않은 경우에는 목표합의 시 상태를 유지하는 것이 바람직하다.

여섯 번째 '세부추진실적'이다.

성과목표 수행기간 동한 진행한 업무내용을 구체적으로 기재한다. 세부추진실적은 최종평가의 근거가 되기 때문에 매우 중요한 평가정보라고 볼 수 있다.

1번 목표인 '경력사원의 안정적 운영'을 예를 들어보자. 정량목표의 경우 경력사원 유지율은 73.5%(목표수준 경력사원 유지율 70%)이다. 정성목표의 경우 '정기면담 제도를 도입하였고 연4회 경력사원 정기면담을 실시하였다'고 기재하였다.

일곱 번째 '본인평가'이다.

정량목표인 경우에는 '달성률'로 표기하고 정성목표인 경우에는 '초과달성, 달성, 미달성' 중 하나로 표기한다. 본인평가는 별도 평가비중으로 부여하지 않고 참고자료로 활용하는 것이 바람직하다.

1번 목표인 '경력사원의 안정적 운영'을 예를 들어보자. 정량목표인 경력사원 유지율의 경우 달성율은 105%이다. 정성목표인 업무완성도의 경우 '초과달성'으로 평가하였다.

다음으로 평가자가 작성하는 내용이다.

첫 번째 '평가자 평가'이다.

평가자가 피평가자에 대하여 성과평가를 시행한다. 평가자 평가 시 본인평가 결과를 참고하여 평가한다. 즉, 평가자는 본인평가 결과에 구속되지 않고 자유롭게 평가한다. 본인평가와 마찬가지로 정량목표인 경우에는 '달성률'로 표기하고 정성목표인 경우에는 '초과달성, 달성, 미달성' 중 하나로 표기한다.

1번 목표인 '경력사원의 안정적 운영'을 예를 들어보자. 정량목표인 경력사원 유지율의 경우 달성율은 105%로 본인평가와 동일하다. 정성목표인 업무완성도의 경우에도 본인평가와 동일한 초과달성을 부여하였다.

두 번째 평가점수이다.

평가점수는 3단계로 구분하여 부여하는 것을 가정하고 설명하기로 한다. 정량목표와 정성목표에 대한 평가자 평가 결과를 점수로 환산하여 표기한다.

[표 25] 평가점수 부여(예시)

구분	정량목표(달성률)	정성목표	점수(10점 기준)
달성수준	110% 이상	기대수준 초과	9점
	100%이상~110% 미만	기대수준 충족	8점
	100% 미만	기대수준 미흡	7점

세 번째 '평가등급'이다.

평가점수를 기준으로 VG(85점 이상), GD(80점 이상~85점 미만), NI(80점 미만) 중 하나를 부여한다.

상기 사례의 경우 82점이 나왔기 때문에 GD등급을 부여하였다.

네 번째 '총평'이다.

평가자는 성과관리에 대한 종합적인 의견을 자유롭게 기재한다. 향후 인사이동, 경력개발 등 인사관리의 중요한 자료가 되기 때문에 충실하게 작성하도록 한다.

그림 51 성과평가 양식-(김인사) (예시)

NO	중점추진과제(성과목표)	세부추진계획	평가비중	평가지표	목표수준	세부추진실적	본인평가	평가자평가	평가점수
1	경력사원의 안정적 운영	• 경력사원의 인재상과 인적요건에 대한 구체적인 기준을 마련함. 경력사원 정기 면담제도를 수립하고 면담을 시행함	10%	경력사원 유지율 [정성 · **정량**]	경력사원 유지율 70% (전년도 경력사원 유지율 50%)	경력사원 유지율 73.5%	105%	105%	8점
			10%	업무완성도 [**정성** · 정량]	정기면담제도를 도입하고 실효성 있게 시행함	정기면담제도를 도입하였고 연4회 경력사원 정기면담을 실시함	초과달성	초과달성	9점
2	신입사원 면접 제도 개선	• 신입사원 채용 면접 시 프리젠테이션 면접, 집단토론 면접 등을 도입하여 당사에 적합한 핵심인재를 확보함	10%	업무완성도 [**정성** · 정량]	프리젠테이션 면접과 집단토론 면접제도를 도입하고 인재의 수준을 향상시킴	신입사원 면접 시 프리젠테이션 면접과 집단토론 면접을 도입하고 추가적으로 직무별 직무프로파일을 작성함	달성	초과달성	9점
3	인사평가제도 개편방향 수립	• 외부 컨설팅 기관을 통하여 현재 인사평가제도의 문제점을 진단하고 인사평가제도 향후 개편방향을 수립함	20%	업무완성도 [**정성** · 정량]	당사에 적합한 인사제도의 방향성을 수립함	인사평가제도 검토 및 개선방향을 수립하지 못함	미달성	미달성	14점
4	보상제도 전산프로그램 개발	• 계약직 직원에 대하여 기본인적사항관리, 근태관리, 임금관리, 연차관리 등을 수행할 수 있는 보상제도 전산프로그램 개발을 연말까지 완료함	10%	전산프로그램 개발 진행률 [정성 · **정량**]	연말까지 100% 개발	계약직 직원 보상프로그램 전산화를 100% 완료함	100%	100%	8점
			10%	업무완성도 [**정성** · 정량]	급여지급의 효율성과 법적 안정성을 확보한 급여프로그램을 도입함	계약직 직원에 최적화된 효율적인 급여프로그램을 개발하였음	초과달성	달성	8점
5	선택적 근로시간제 도입	• 선택적 근로시간제 도입과 관련하여 근로자대표의 서면합의 등 절차를 진행하고 근로시간관리 전산시스템을 구축함	10%	제도도입여부 [정성 · **정량**]	6월말까지 선택적 근로시간제를 도입함	선택적 근로시간제를 7월 1일차로 시행함	100%	100%	8점
			20%	업무완성도 [**정성** · 정량]	일가정 양립 및 생산성을 제고하는 선택적 근로시간제를 도입하고 정착시킴	선택적 근로시간대 관련 직원공감대를 형성하고 근로자대표와 서면합의를 시행함. 근태관리 전산시스템을 도입하여 인력운영 효율성을 제고함	달성	초과달성	18점
			100%						82점

평가등급	VG(85점 이상)	GD(80점 이상~85점 미만)	NI(80점 미만)
총평	전반적으로 인사제도 개선을 성공적으로 수행한 것으로 보임. 특히 주52시간제 시행과 관련하여 사무직 선택적 근로시간제를 도입함. 이를 통하여 노동법적 리스크를 해소하였고 향후 조직문화 변화에도 큰 도움이 될 것으로 보임. 또한 신입사원과 경력사원의 채용제도 개선을 통하여 인력운영의 안정성이 상당히 높아진 것으로 판단됨. 다만, 인사평가제도 개선이 이루어지지 못해서 인사평가의 공정성이 작년보다 하락한 것으로 나타남. 또한 건강악화에도 불구하고 큰 문제없이 업무를 수행하였음		

※ 두꺼운 테두리선 영역은 평가자가 평가함

제3부

DO
인사평가 트랜스포메이션

Chapter IX.
인사평가 설계와 변화관리

Chapter IX

인사평가 설계와 변화관리

1 인사평가 설계 프로세스

인사평가제도 설계 프로세스에 대해서 살펴보자.

그림 52 인사평가제도 설계 프로세스

1. 평가제도 설계 설명회
   - 인사평가 설계 목적 설명
   - 컨설팅 프로세스 공유
   - TFT역할 공유
2. 직무조사 및 구성원 의견 수렴
   - 팀 업무조사서 작성 및 보완
   - 리더 인터뷰 진행
   - 구성원 간담회 시행
3. 성과책임 (Accountability) 규명
   - 성과책임 1차 도출(팀장)
   - 성과책임 코칭(컨설턴트)
   - 성과책임 공유회 시행(임원/팀장)
   - 성과책임 최종 규명
4. 평가제도 구조와 절차 설계
   - 평가권 설계
   - 성과평가/역량개발 방식 설계
   - 다면코칭 설계
   - 평가제도 절차 설계
5. 평가제도 운영 설계
   - 목표합의 설계 (과제중심 목표합의)
   - 수시코칭 설계 (공식적/비공식적)
   - 최종평가 설계 (1차-2차-최종)
6. 변화관리 방안 수립
   - 변화관리 전략 수립
   - 평가자 교육 과정 설계
   - 성과책임 조직문화 구축 방안 수립

1단계는 '평가제도 설계 설명회'이다.

인사평가제도 설계 시 가장 먼저 해야 할 일은 바로 구성원과 공감대를 형성하는 일이다. 따라서 평가제도 설명회를 시행하는 것이 반드시 필요하다. 평가제도 설계 설명회를 통하여 인사평가 설계 목적을 설명하고 컨설팅 프로세스를 공유한다. 또한 평가제도 설계 TFT(인사팀, 팀장 등으로 구성)의 역할을 설명한다.

2단계는 '직무조사 및 구성원 의견 수렴'이다.

인사평가 제도를 성과책임 기반으로 설계하기 위해서는 직무조사[3]를 시행하여야 한다. 직무조사는 팀업무조사서 방식으로 진행하는 것을 추천한다. 팀 업무조사서 작성 시 과업, 업무량, 업무수행자, 성과책임 등을 작성하도록 한다. 그리고 리더 인터뷰를 통하여 팀업무조사서의 내용을 보완한다. 또한 구성원 간담회를 시행하여 인사평가 설계에 대한 의견수렴 절차를 진행한다. 필요 시 인사평가 설문조사 방식을 병행하는 것도 가능하다.

3단계는 '성과책임 규명'이다.

성과책임 기반의 인사평가제도 설계를 위해서 가장 중요한 절차는 성과책임 규명이다. 먼저 팀장을 통하여 성과책임을 도출한다. 이후 컨설턴트 코칭을 통하여 성과책임에 대하여 보완절차를 진행한다. 그리고 성과책임 공유회를 시행한다. 성과책임 공유회는 조직관점의 성과책임을 도출하기 위해서 반드시 거쳐야 하는 절차이다. 팀장 등 리더는 본인이 도출한 성과책임을 구성원에게 공유하고 피드백을 받은 후 성과책임 수정 절차를 진행한다. 이와 같이 성과책임은 개인의 의견으로 결정되는 것이 아니라 조직관점에서 구성원의 의견수렴을 통하여 완성되어야 한다.

3) 인사평가 제도 설계시 직무분석을 시행하는 것이 바람직하다. 다만, 공식적인 직무분석은 많은 시간과 비용이 소요되기 때문에 직무조사 방식을 선택하는 것도 가능하다.

4단계는 '평가제도 구조와 절차 설계'이다.

먼저 평가권을 설계한다. 평가권은 '평가자 역할 구분 방식'이 바람직하며 가급적 1차 평가자에게 실질적인 권한이 부여될 수 있는 방향으로 설계한다. 다음으로 성과평가와 역량개발 방식을 설계한다. 성과평가는 팀장 성과평가와 팀원 성과평가를 의미하며 MBO방식으로 설계한다. 역량의 경우 역량개발 방식으로 접근하는 것이 바람직하며 역량개발 계획수립과 역량진단 절차 등을 설계한다. 이후 다면코칭을 설계한다. 동료평가와 상향평가를 설계하고 다면평가 방식(점수형, 서술형 등)과 다면평가 적용방안을 설계한다. 그리고 평가절차를 설계한다. 목표합의, 수시코칭, 최종평가 시기를 정하고 이해하기 쉽게 전체 평가절차를 순서도 방식으로 표현한다.

5단계는 '평가제도 운영 설계'이다.

평가제도 운영의 핵심은 '목표합의, 수시코칭, 최종평가'이다. 목표합의의 경우 목표합의 개념, 절차, 원칙, 면담카드, 목표합의 양식 등을 설계한다. 수시코칭의 경우 공식적 수시코칭과 비공식적 수시코칭을 구분하고 공식적 수시코칭을 중심으로 수시코칭 실무적 시행방안을 설계한다. 최종평가의 경우 면담 절차(평가사전면담, 평가피드백 면담), 최종평가 유의사항, 최종평가표 등을 설계한다.

6단계는 '변화관리 방안 수립'이다.

인사평가는 변화관리 관점에서 시행되어야 한다. 따라서 먼저 변화관리 전략을 수립하는 것이 필요하다. 보통 3년 정도를 기간으로 장기적 관점의 변화관리 계획을 수립한다. 그리고 변화관리 과정에서 가장 중요한 것은 평가자에 대한 교육이다. 평가자 교육은 목표합의-수시코칭-최종평가로 구분하여 세부 시행계획을 수립한다. 마지막으로 성과책임 조직문화 구축방안을 다양한 관점에서 수립한다.

2 인사평가 구조와 절차 설계

먼저 인사평가 구조에 대해서 살펴보자. 인사평가는 성과관리 관점으로 시행되어야 한다.

인사평가는 성과측면, 역량측면, 변화관리 측면으로 구분된다. 성과측면은 성과평가를 시행하고 역량측면은 역량개발을 실시한다. 그리고 변화관리 측면은 정기적인 서베이를 통하여 성과관리 효과성을 진단한다.

첫 번째 성과 측면이다.

성과는 팀장 성과평가와 팀원 성과평가로 구분된다. 팀장 성과평가는 MBO방식으로 시행함을 원칙으로 한다. 팀원 성과평가는 사무직의 경우 MBO방식, 생산직의 경우 일반고과 방식으로 진행한다. 지식노동자는 MBO방식(목표합의-수시코칭-최종평가)으로 성과관리를 진행하고 생산직 노동자는 일반고과 방식을 선택하는 것이 일반적이다. 성과평가는 보통 매년 1월 시행한다.

두 번째 역량 측면이다.

역량은 평가관점보다 개발관점으로 접근하는 것이 바람직하다. 역량을 평가하게 되면 여러 가지 불공정성 이유가 발생하게 된다. 먼저 역량개발이 연중 이루어지도록 하는 것이 중요하다. 연초에 역량개발계획을 수립하고 지속적으로 역량개발을 지원한다. 다면평가는 동료코칭과 상향코칭으로 구분된다. 동료코칭은 동료의 의견을 통하여 바람직한 행동을 촉진하는 관점으로 시행한다. 상향코칭은 리더에 대한 리더십 진단을 위한 목적으로 시행한다. 상향코칭 결과 리더로서의 자질이 부족하다고 평가되는 경우 리더 교체를 검토한다. 다면코칭은 인사평가 관련 업무량을 고려하여 매년 7월에 실시하는 것이 바람직하다.

세 번째 변화관리 측면이다.

매년 성과관리 서베이를 통하여 성과관리 진행사항을 점검하고 효과성을 측정한다. 향후 서베이 결과에 대한 본부별 비교 분석, 연도별 비교 분석을 통하여 변화관리의 참고자료로 활용한다. 성과관리 서베이는 일반적으로 최종평가 교육 시 시행하는 것이 바람직하다.

그림 53 인사평가 구조 설계(최근 Trend) (예시)

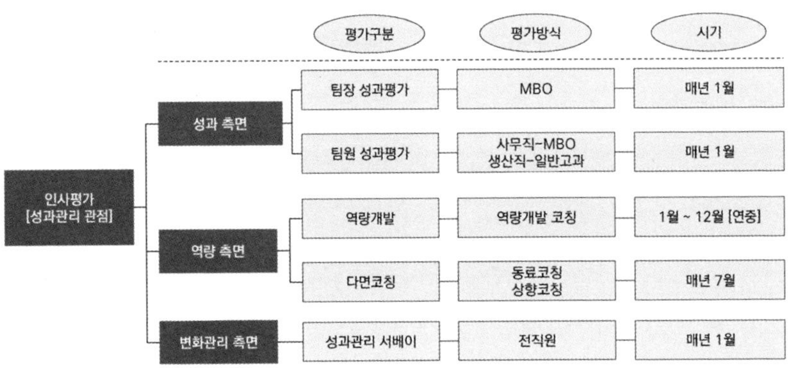

다음으로 인사평가 절차에 대해서 살펴보자

인사평가 절차는 아래와 같이 순서도 형식으로 표현하는 것이 이해하기 쉬울 것으로 보인다.

그림 54 인사평가 절차 설계(예시)

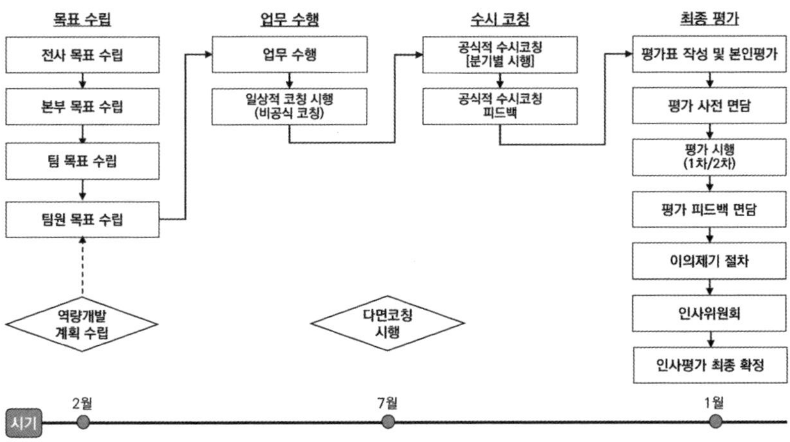

매년 2월 목표를 수립한다. 목표수립은 '전사목표 – 본부목표 – 팀목표 – 팀원 목표'를 수립하는 방식으로 진행하다. 목표합의 시 조직의 목표와 개인의 목표가 정렬되는 것이 가장 중요하다. 목표수립 시 역량계발계획을 함께 수립하는 것이 바람직하다.

그리고 성과목표에 대하여 업무를 수행한다. 업무수행 시 일상적 코칭(비공식적 코칭)이 활발하게 이루어져야 한다. 이후 분기별 공식적 수시코칭을 시행하고 공식적 수시코칭을 피드백한다. 보통 공식적 수시코칭은 4월 초, 7월 초, 10월 초에 시행한다.

마지막으로 최종평가이다. 최종평가는 보통 익년도 1월에 시행한다. 최종평가는 '평가표 작성 및 본인평가 – 평가 사전 면담 – 평가시행(1차/2차) – 평가 피드백 면담 – 이의제기 절차 – 인사위원회 – 인사평가 최종 확정' 절차로 진행된다.

다면코칭의 경우 인사평가 업무량을 고려하여 매년 7월 경 시행하는 것이 바람직하다. 변화관리 측면의 성과관리 서베이는 보통 최종평가 교육시 실시한다.

인사평가 절차는 조직의 특성과 업무량을 고려하여 다양한 관점에서 설계할 수 있다.

[표 26] 성과관리 서베이 설문 주요내용

구분	설문문항	측정요소	평가관점
1	나의 상사는 목표합의 시 성과책임(accountability)에 기반하여 목표합의를 진행하였다.	성과책임 중요성 인식	성과관리 인식
2	나의 상사는 목표합의 시 조직목표와 개인목표의 연계가 중요함을 충분히 설명하였다.	조직과 개인의 목표 연계성	성과관리 인식
3	나의 상사는 목표합의 시 목표합의 면담을 적정한 시간 동안 진행하였다.	목표합의 면담 시행	성과관리 충실도
4	나는 성과목표를 달성하면 조직의 성과가 향상된다고 생각한다.	조직성과 연계성	성과관리 인식
5	나는 목표합의가 공정하게 이루어졌다고 생각한다.	목표합의 공정성	성과관리 인식
6	나의 상사는 수시코칭 면담을 적정한 시간 동안 진행하였다.	수시코칭 시행	성과관리 충실도

구분	설문문항	측정요소	평가관점
7	나의 상사는 수시코칭 면담 시 나의 의견을 경청하였다.	수시코칭 시 경청 여부	성과관리 충실도
8	나의 상사는 평상시에도 비공식적인 수시코칭을 적절하게 시행하였다.	비공식적 수시코칭 시행	성과관리 충실도
9	나는 공식적 또는 비공식적 수시코칭이 나의 업무성과향상에 도움이 된다고 생각한다.	수시코칭 효과성	성과관리 인식
10	나의 상사는 인사평가 시 인사평가 사전면담을 적정한 시간 동안 진행하였다.	인사평가 사전 면담 시행	성과관리 충실도
11	나는 수시코칭과 인사평가 사전면담을 통해서 나의 인사평가 결과를 어느 정도 예측할 수 있다고 생각한다.	인사평가 예측가능성	성과관리 효과성
12	나는 올해 인사평가 결과가 나오게 되면 평가결과를 수용할 것이다.	인사평가 수용성	성과관리 효과성
13	나는 성과관리의 변화가 우리 회사에 도움을 줄 것이라고 생각한다.	성과관리 효과성	성과관리 효과성
14	나는 성과관리가 나의 동기부여에 긍정적인 영향을 줄 수 있다고 생각한다.	성과관리 동기부여	성과관리 효과성
15	나는 이러한 변화관리가 우리 회사를 건강하게 성장시키는데 도움이 될 것이라고 생각한다.	성과관리 조직변화	성과관리 효과성

※ 각 설문문항은 "매우 그렇지 않다 - 그렇지 않다 - 보통이다 - 그렇다 - 매우 그렇다" 5점 척도로 평가하게 됨

3 역량평가에 대한 접근

일반적으로 인사평가는 크게 성과평가와 역량평가로 구분한다. 그러나 필자는 역량의 경우 역량평가를 폐지하고 역량개발 관점으로 접근하는 것을 권장하고 있다. 그 이유에 대해서 설명하고자 한다.

역량이란 다양하게 정의내릴 수 있다. 가장 보편적인 역량의 정의는 "우수한 성과의 원인이 되는 내적 특성"(Spencer&Spencer, 1993)이라고 볼 수 있다. 즉, 역량은 내적인 특성을 말한다. 이러한 역량을 평가하게 되면 어떠한 일이 일어날까? 실무적으로 접근할 때 역량평가는 긍정적인 측면보다 부정적인 측면이 훨씬 더 많이 발생한다. 역량평가를 시행할 경우 발생하는 문제점이다.

첫 번째, 역량평가의 왜곡현상이다. 평가자는 자신이 주고 싶은 평가결과를 먼저 정하는 경향이 있다. 그리고 평가자는 역량평가의 왜곡을 통해 자신이 주고 싶은 평가결과를 만드는 것이다.

[표 27] 역량평가 왜곡 사례

구분	성과평가(50%)	역량평가(50%)	평균	평가자가 주고 싶은 평가등급
김대리	90점	50점	70점	미흡
박대리	60점	100점	80점	우수

예를 들어 보자. 평가자는 김대리에게 낮은 평가등급을 부여하려고 한다. 그런데 성과평가가 높게 나온 것이다.(90점) 이 경우 평가자는 역량

평가를 왜곡시켜 낮은 점수를 부여한다.(50점) 이를 통해서 평가자가 주고 싶은 점수를 만들어 낼 수 있다.(평균 70점) 반대로 평가자는 박대리에게 높은 평가등급을 부여하려고 한다. 그런데 성과평가가 낮게 나온 것이다.(60점) 이 경우 평가자는 반대로 역량평가를 왜곡시켜 높은 점수를 부여한다.(100점) 이를 통해서 평가자가 주고 싶은 점수를 만들 수 있게 된다.(평균 80점)

이와 같이 역량평가는 실제 취지와는 다르게 평가결과를 왜곡시키는 수단으로 악용될 가능성이 매우 높다.

두 번째, 역량평가 시 태도를 평가하는 현상이다. 대부분의 평가자는 역량평가는 평소 태도를 평가하는 것으로 생각한다. 실무적으로 보면 역량평가 시 협조성, 친절성, 공손함 등 태도를 평가하는 일이 발생한다. 따라서 역량평가의 취지와는 달리 태도평가로 전락해 버리게 된다. 이러한 태도평가는 또 다시 성과평가를 왜곡시키는 결과를 가져오게 된다. 즉, 높은 성과를 달성한 직원이 태도가 리더의 마음에 들지 않는다는 이유로 낮은 평가를 받게 되는 일이 발생하게 되는 것이다.

세 번째, 역량평가의 자의성이다. 지금까지 계속 강조한 것이 있다. 인사평가는 주관적(主觀的)이라는 것이다. 그러나 자의적(恣意的)이면 안 된다. 그러나 역량평가는 자의적으로 이루어지는 경우가 많다. 즉, 평가자의 마음대로 역량평가 결과를 결정하는 것이다. 이러한 자의적인 역량평가는 역량평가의 수용성을 담보하기 매우 어렵다. 또한 이러한 자의성을 제어할 방안이 실질적으로 존재하지 않는 것이 현실이다.

결론적으로 이러한 역량평가의 문제점을 종합적으로 고려할 때 역량의 경우 개발관점으로 접근하는 것이 바람직하다는 것이다. 즉, 역량은 역량개발계획을 수립하고 역량을 꾸준히 개발해 나가는 것이 중요하다는 것이다. 그리고 역량이 개발된 구성원에게 역량진단을 통해서 상위직무를 수행할 수 있는 기회를 부여하는 것이 중요하다. 이 경우 역량진단은 상사 한명의 의견이 아니라 동료와 부하직원의 의견을 다면진단 방식으로 수집하는 것이 바람직하다. 이와 같이 역량에 대한 다면진단을 통해 조직 내 협력이 강화되는 선물을 함께 받을 수 있을 것이라고 생각한다. 그리고 나아가 역량의 개발관점의 접근은 성과평가의 공정성을 높이는 효과를 가져올 것이다.

4 인사평가 개편과 취업규칙 변경 절차

인사평가 개편 시 취업규칙 변경 절차를 거쳐야할까? 인사평가 개편 시 마지막 단계에서 발생하는 아주 중요한 실무적 이슈이다.

과거에는 인사평가를 경영권에 해당한다고 보고 취업규칙 변경 절차를 거치지 않는 경우가 많았다. 그러나 최근에는 노동조합 및 근로자가 인사평가 개편 시 취업규칙 변경절차를 요구하는 경우가 증가하고 있다. 그렇다면 과연 인사평가 개편 시 어떤 절차를 거치는 것이 가장 바람직할까?

먼저 인사평가와 관련하여 대법원의 판단과 고용노동부의 견해를 살펴보자.

대법원은 목표달성에 따른 평가를 통해 인사조치를 할 수 있는 지침과 관련하여 "유휴인력활용지침은 후선으로 배치한 3급 이상 직원의 업무수행에 따른 표창과 제재 등의 근로조건에 관한 준칙의 내용을 담고 있으므로 근로기준법 소정의 취업규칙에 해당한다고 할 것이다"라고 판시하였다.(대법원 2007.11.30. 선고, 2005두13247 판결) 즉, 인사평가 결과에 따라서 인사상 불이익 조치가 이루질 수 있다면 해당 지침은 취업규칙에 해당한다고 판단한 것이다. 상식적으로 생각해 볼 때 근로자들은 인사평가에 따라서 자신의 연봉과 승진 등 근로조건의 중요한 사항이 결정된다고 생각한다. 따라서 구성원들이 인사평가 개편 시 취업규칙 불이익 변경절차를 요구하는 것은 충분히 이해할 수 있다.

그러나 고용노동부의 입장은 다르다. 고용노동부는 "인사고과에 관한 사항은 원칙적으로 사용자의 고유권한에 속하는 사항으로서 특별한 사정이 없는 한 근로기준법 제96조에 의해 사용자에게 작성 · 신고의무가 부과되는 취업규칙으로 볼 수 없다"(근기 68207-352, 2003.3.26.)고 해석하고 있다. 즉, 고용노동부는 인사평가는 사용자의 고유권한이기 때문에 취업규칙에 해당하지 않는다고 본 것이다. 그러나 이러한 견해를 근로자들이 받아들이기는 쉽지 않을 것이라고 생각한다.

그렇다면 실무적으로 인사평가 개편 시 어떻게 접근하는 것이 좋을까?

인사평가 개편 시 취업규칙 불이익 변경 절차를 거치는 것으로 추천하고 싶다. 즉, 근로자의 과반수의 동의를 얻은 후 인사평가 개편을 시행하는 것이다. 그 이유는 다음과 같다. 일반적으로 인사평가에 따라 연봉인상, 보직변경, 승진, 성과급 등이 결정된다. 그렇다면 근로자 입장에서 볼 때 인사평가 개편은 매우 중요한 근로조건의 변경에 해당한다고 보는 것은 매우 당연하다. 따라서 근로자들은 인사평가 개편 시 취업규칙 불이익 변경을 요구하게 되는 것이다.

만약 우리가 인사평가를 경영권으로 보고 일방적으로 인사평가 개편을 시행한다면 어떤 일이 발생할까? 근로자들은 취업규칙 변경 절차 위반을 문제 삼을 가능성이 매우 높다. 이후 근로자들은 노동부 진정과 소송으로 인사평가 제도 변경의 정당성을 다툴 것이다. 사실 SK하이닉스 등 일부 대기업의 경우 인사평가 제도 변경과 관련하여 수년간 노사가 소송을 진행하고 있다.(수원지법 여주지원 2022.6.14. 선고, 2021가단18490 판결) 이러한 상황 속에서 인사평가제도가 성공적으로 시행될 수 있을까?

앞서 살펴보았듯이 인사평가제도는 성과책임을 기반으로 성과관리 관점으로 시행되어야 한다. 이는 회사와 구성원의 신뢰를 전제로 한다. 그런데 인사평가제도가 소송으로 이어지고 있는 상황에서 성과관리가 정상적으로 시행되는 것은 거의 불가능한 일이라고 생각된다.

따라서 인사평가 개편 시 시행 절차에 대해서는 다양한 견해가 있을 수 있지만 구성원의 동의를 받은 후 시행하는 것이 제도 성공에 도움이 될 것이라고 생각된다. 물론 취업규칙 불이익 변경 시 어려움이 발생할 수 있다. 그러나 이러한 취업규칙 변경을 통한 구성원 동의 절차는 인사평가제도를 좀 더 합리적으로 설계할 수 있는 계기로 작동할 수도 있다고 생각된다.

결론적으로 인사평가제도는 구성원과 함께 만들고 시행하는 관점으로 접근하는 것이 중요하다. 인사평가제도가 법률적으로 취업규칙에 해당하는지 여부는 우리에게 크게 중요하지 않다고 생각한다. 중요한 것은 인사평가 개편에 구성원이 동의하고 서로 함께 성과책임을 기반으로 성과관리 관점의 인사평가제도를 시행하는 것이다.

5 인사평가 변화관리(1)

인사평가를 변화관리 관점으로 접근해야 한다는 것이 무슨 의미일까? 보통 인사평가제도를 설계하고 실행하면 개선이 완료된다고 생각한다. 그러나 인사평가 개선은 장기적 관점의 변화관리 관점이 필요하다. 최소 3년의 기간동안 지속적인 변화의 노력을 기울여야 한다.

변화관리 3단계는 단기과제 [1년 이내], 중기과제 [2년 이내], 장기과제 [3년 이내]로 구성된다.

그림 55 변화관리 실행 로드맵

단기과제 [1년 이내]	중기과제 [2년 이내]	장기과제 [3년 이내]
▪ 성과관리 관점의 인사평가 시행 ▪ 성과관리 교육 시행 (목표합의, 수시코칭, 인사평가 시행 교육, 성과관리 스킬중심의 평가자 교육) ▪ 커뮤니케이션 기본 교육 ▪ 리더십 1:1 기본 코칭 ▪ 성과책임 업데이트(ver 2.0)	▪ 성과책임 중심의 인사관리 시행 ▪ 성과관리 리더십 교육 시행 (성과관리 스킬과 리더십이 조화를 이루는 평가자 교육) ▪ 커뮤니케이션 심화 교육 ▪ 리더십 1:1 심화 코칭 ▪ 성과책임 정교화 (ver 3.0)	▪ 목적 중심의 인재경영 시행 ▪ 리더십 심화 교육 시행 (진성리더십, 목적중심 리더십 등) ▪ 성과책임 조직문화 정착 ▪ 조직목적과 직무목적 명확화 ▪ 직무-평가-보상-육성이 연계된 인사관리 체계 구축
변화관리 1단계	변화관리 2단계	변화관리 3단계

먼저 변화관리 1단계이다. 변화관리 1단계에서는 성과관리 관점의 인사평가를 시행하는 것이 가장 중요하다. 근무평정관점에서 벗어나 성과관리 관점으로 변화해야 한다. 그리고 성과관리 교육을 시행한다. 1단계 시 성과관리 교육은 목표합의, 수시코칭, 인사평가 시행 등 성과관리 스킬 중심의 교육을 시행하는 것이 요구된다. 그리고 커뮤니케이션과 리더십에 대한 기본 교육을 실시한다. 필요 시 성과책임 ver.1을 성과책임 ver.2로 업데이트한다.

다음으로 변화관리 2단계이다. 변화관리 2단계에서는 성과책임 중심의 인사관리를 시행해야 한다. 이제 성과책임이 인사관리의 중심으로 자리잡아야 하는 것이다. 그리고 지속적으로 성과관리 교육을 시행한다. 2단계 시 성과관리 교육은 성과관리 스킬과 리더십이 조화를 이루는 교육이 바람직하다. 그리고 커뮤니케이션과 리더십에 대한 심화 교육을 시행한다. 필요 시 성과책임을 더욱 정교화하는 과정을 실시한다.

마지막으로 변화관리 3단계이다. 변화관리 3단계에서는 목적중심의 인재경영을 시행한다. 이제 진정한 목적경영이 이루어져야 한다. 그리고 진성리더십, 목적중심 리더십 등 리더십 교육에 집중한다. 나아가 성과책임 조직문화를 정착시키고 조직목적과 직무목적을 더욱 명확화한다. 그리고 직무-평가-보상이 연계된 인사제도를 완성시키는 것도 중요한 과제이다.

이와 같이 인사평가 개선은 장기적 변화관리 관점으로 접근하는 것이 매우 중요하다. 변화관리를 실무적으로 묘사해보자.

변화관리 1년차(1단계)는 아무것도 모른 상태에서 그냥 따라오는 단계라고 생각된다. 변화관리 1년차가 마무리되면 '아 이런것이었구나'라고 목표합의-수시코칭-최종평가의 전과정을 이해하게 된다.

변화관리 2년차(2단계)는 이제 우수한 리더가 실질적인 변화를 만들어내는 단계이다. 2년차에는 일부 팀이 실질적인 변화와 성과를 창출한다. 이러한 모습을 통해서 변화관리에 대한 긍정적인 시각이 확대된다.

변화관리 3년차(3단계)는 전사적으로 변화관리가 확산되는 단계이다. 이제 모든 팀이 변화관리에 참여하게 되고 변화관리는 조직변화의 핵심적인 이슈로 자리 잡는다. 변화관리에 부정적이었던 리더들도 이제는 변화관리에 참여하는 모습을 보이게 된다. 이 단계에 접어들게 되면 변화관리의 성공가능성은 매우 높아지게 된다.

인사평가의 변화는 단순한 평가의 변화가 아니라 조직전체를 변화시키는 계기가 될 수 있다. 변화관리 관점을 통해서 일터의 진정한 변화에 도전해 보기를 권하고 싶다.

6 인사평가 변화관리(2)

변화관리를 시행하게 되면 구성원 인식은 어떠한 변화의 과정을 거치게 될까? 크게 구성원 인식은 기대, 저항, 고민, 공감, 동의 등 5단계의 과정을 거친다. 이러한 과정을 J커브라고 부르기도 한다.

그림 56 변화관리 시행 시 구성원 인식의 변화

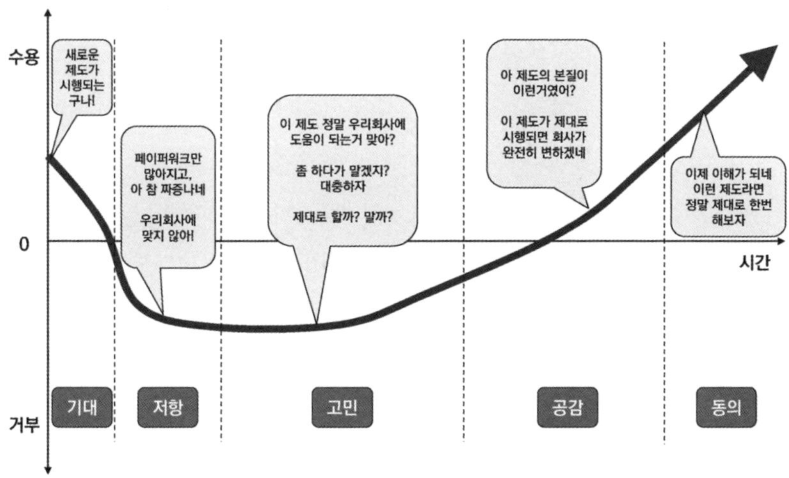

첫 번째 단계는 기대이다.(새로운 제도가 시행되는구나!)

새로운 인사평가 제도가 설계되고 설명회 등이 이루어지는 단계이다. 구성원은 새로운 제도 시행에 대한 기대감으로 어느 정도의 수용성

을 보이게 된다.

두 번째 단계는 저항 단계이다.(페이퍼워크만 많아지고 아 참 짜증나네, 우리 회사에 맞지 않아)

제도가 실행되면 목표합의서 작성, 목표합의 면담 등 다양한 업무가 진행된다. 이러한 과정 속에서 페이퍼워크가 늘어나게 되고 구성원들의 수용성은 급격하게 하락하게 된다. 또한 제도가 우리 회사에 맞지 않는다는 생각을 하는 경우도 종종 발생한다.

세 번째 단계는 고민 단계이다.(이 제도 정말 우리 회사에 도움이 되는 거 맞아?, 좀 하다가 말겠지?, 대충하자, 제대로 할까? 말까?)

제도가 본격적으로 실행되면서 제도에 대한 고민을 깊어지는 단계이다. 제도 실행에 대한 부담감은 계속 가지고 있지만 적극적으로 시행하고자 하는 자세를 보이지는 않는다. 대부분의 직원들은 일단 관망하면서 제도가 어떻게 진행되는지를 지켜보는 모습을 보인다.

네 번째 단계는 공감 단계이다.(이 제도의 본질이 이런거였어? 이 제도가 제대로 시행되면 회사가 완전히 변하겠네)

제도에 대한 공감대가 형성되는 단계이다. 제도를 실행하면서 제도의 본질을 이해하게 된다. 이러한 구성원들은 제도를 수용하는 모습을 보이고 적극적으로 변화관리에 참여하게 된다. 이 단계까지 오게 되면 변화관리는 성공할 가능성이 매우 높아지게 된다.

마지막 단계는 동의 단계이다.(이제 이해가 되네, 이런 제도라면 정말 제대로 한번 해보자)

제도에 대해서 진심으로 동의하는 단계이다. 구성원들은 제도의 본질과 변화관리의 목적을 이해하게 된다. 조직 전체적으로 변화관리에 동의하고 한마음으로 조직변화를 실행하게 된다.

이와 같이 변화관리 실행 시 구성원 인식은 단계적으로 변화한다. 따라서 변화관리 TFT는 너무 조급하게 변화에 대한 동의를 기대하기보다는 점진적으로 변화가 일어나는 것을 기다라는 것도 중요하다. 변화관리는 '기대-저항-고민-공감-동의' 단계를 거치게 된다. 이때 중요한 것은 '저항'과 '고민'의 기간을 줄여주는 것이다. 저항과 고민의 기간이 길어지게 되면 변화관리가 동력을 잃고 좌초할 가능성이 높아지게 된다. 따라서 '저항'시 원인을 분석하고 유연성을 발휘하여 적절한 조치를 취해야 한다. 또한 '고민'의 기간에는 다양한 교육을 통해서 변화의 필요성에 대한 인식을 확대하는 것이 필요하다.

조직의 변화는 살아있는 유기체와 같다. 조직변화를 획일적인 계획에 따라서 진행하는 것이 아니라 상황에 맞는 적절한 조치를 취하면서 유기적으로 대응해 나가는 것이 매우 중요하다.

7 인재경영의 비밀

지금까지 인사평가의 변화에 대해서 살펴봤다. 그렇다면 과연 우리가 인사평가의 변화를 통해서 이루고자 하는 것은 무엇일까? 인사평가의 변화를 인재경영의 관점에서 접근해 보자.

조직은 사명과 비전을 가진다. 사명(Mission)이란 존재의 이유를 말한다. 즉, '우리 회사는 이 세상에 왜 존재하는가?'에 대한 대답이다. 비전(Vision)이란 미래의 꿈을 말한다. 즉, 우리 회사의 10년 또는 20년 후의 모습이다. 이와 같이 조직은 사명과 비전에서 출발한다. 만약 사명과 비전이 불명확한 조직이 있다면 반드시 사명과 비전을 명확히 하는 것으로부터 조직변화를 시작해야 한다. 다음으로 사명과 비전을 달성하기 위해 직무관리가 시작된다. 직무관리란 직무의 성과책임(accountability)을 규명하고 인식시키는 것이다. 성과책임이란 사실상 직무의 목적을 의미한다. 그리고 성과책임을 달성하기 위해서 성과관리와 역량관리가 시행된다. 성과관리는 성과목표를 수립하고 업무를 수행하고 성과평가의 과정을 통해서 이루어진다. 또한 구성원 성장관점에서 역량개발계획을 수립하고 역량을 개발하고 역량을 진단하는 역량관리가 시행된다.

그리고 이러한 성과관리와 역량관리의 결과를 보상과 육성에 반영해야 한다. 높은 성과를 달성하고 역량을 향상시킨 구성원에게 보상과 육성의 기회를 부여하는 것이 반드시 필요하다. 이러한 과정이 바로 인재경영 시스템이다.

그림 57 예담 인재경영 시스템

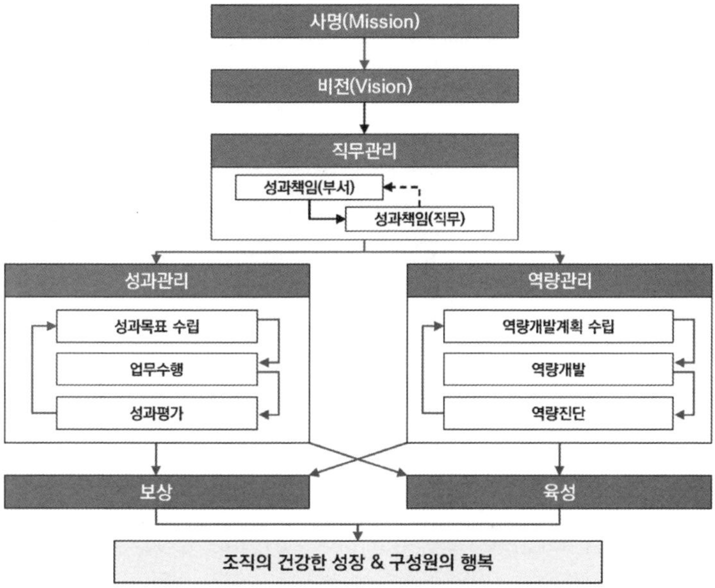

인재육성 경영이 궁극적으로 추구하는 것은 바로 '자발적인 동기부여 메커니즘'이다. 우리는 '자발적인 동기부여 메커니즘'에 대해서 깊이 고민해야 한다. 이제 통제와 지시의 방법으로 높은 생산성을 낼 수 없다는 사실을 인정해야 한다. 기업은 '자발적인 동기부여 메커니즘'을 통해서 탁월한 성과와 높은 생산성을 달성할 수 있다.

인사평가의 변화는 조직을 근본적으로 변화시키는 관점으로 접근해야 한다. '성과책임 기반의 성과관리'를 통해서 '자신의 일에 책임을 다하는 조직문화'로 나아가야 한다. 이러한 변화를 통해 조직의 건강한 성장과 구성원이 행복한 일터를 만들 수 있을 것이다.

저자

김 복 수(Kim bok soo)

- 인사관리를 소명(召命)으로 삼고 살아가고 있다. 인사관리의 변화를 통해 건강한 조직문화를 만들 수 있다는 생각을 가지고 있다. 공인노무사, 대표, 소장 등 많은 타이틀을 가지고 있지만 본인이 생각하는 정체성은 조직변화 컨설턴트(Organization Transformation Consultant)이다. 기업의 조직변화를 실제로 도우며 많은 시행착오를 거듭하였고 지금도 최적의 대안을 찾기 위해 고민 중이다. 인사관리가 소명이기에 '조직은 지금보다 더 건강해 질 수 있다'는 믿음으로 그 고민을 계속해 나갈 계획이다.
- 現. 예담 인사평가연구소 소장(2018~현재)
- 現. 노무법인 예담HR컨설팅 대표 컨설턴트/공인노무사(2008~현재)
- 前. 한화그룹[한화갤러리아] 근무(1998~2007)
- 중앙대학교 경영학과 학사 · 석사(인사/조직 전공)
- boksoo.kim@hryedam.co.kr
- https://blog.naver.com/yedamkbs